Kinderspiele

Katharina Kirn (Hg.)

Kinderspiele

Im FALKEN Verlag sind zahlreiche Titel zum Thema „Kinderspiele" erschienen.
Sie sind überall dort erhältlich, wo es Bücher gibt.

Sie finden uns im Internet: **www.falken.de**

Dieses Buch ist auf chlorfrei gebleichtem und säurefreiem Papier gedruckt.

Der Text dieses Buches entspricht den Regeln der neuen deutschen Rechtschreibung.

Bei diesem Buch handelt es sich um eine Zusammenstellung aus den Titeln „Spiele für Kleinkinder" (60022), „Fingerspiele" (60088), „Lustige Spiele mit Kleinkindern" (60477), „Kinderspiele" (60488)

ISBN 3 8068 60688 X

Umschlaggestaltung: Rincon² Design & Produktion GmbH, Köln
Layout: Beate Müller-Behrens
Redaktion: Winfried Schindler; Sylvia Winnewisser, Wiesbaden
Herstellung: Petra Becker, Peter Beckhaus, Mainz
Zeichnungen: Hartmut Dietrich, Dexheim, Zora Davidovic, Wiesbaden: Seiten 14, 21, 24, 33, 51, 56, 57, 66, 67; Katja Rosenberg, Wiesbaden: Seite 34/35; Petra Schwarzmann, Wiesbaden: Seiten 22/23, 73–75; alle übrigen: Falco Honnen, Troisdorf

Satz: Peter Beckhaus, Mainz
Reproduktion: Lithotronic, Frankfurt
Druck: fgb·freiburger graphische betriebe
www.fgb.de

817 2635 4453 6271

Inhalt

Einleitung

Kinder sind immer auf der Suche nach Beschäftigung. Deshalb sind sie auch nie abgeneigt eine Runde zu spielen, sei es allein, zu zweit oder in der Gruppe. Die Eltern werden dann genervt mit der Frage „Was soll ich/was sollen wir denn spielen?" Gut, wenn man dann das richtige Buch zur Hand hat und ein paar Tipps geben und Vorschläge machen kann.

Zur Vorbereitung eines Kinderfestes kann man auch nie genügend Spielideen auf Lager haben, um die Kleinen zu beschäftigen. Damit bloß keine Langeweile und schlechte Laune aufkommen.

In diesem Buch sind Spielideen zu verschiedenen Gelegenheiten und nach unterschiedlichen Anforderungen aufgeteilt. Es gibt Bewegungs- und Geschicklichkeitsspiele, Spiele mit Gegenständen, Rate- und Konzentrationsspiele und Spiele mit Würfeln, Karten oder Stift und Papier. Viele der Spiele können sowohl drinnen wie draußen gespielt werden, andere sind gut bei schlechtem Wetter im Haus zu spielen oder ausschließlich in freier Natur durchführbar.

Bei der Auswahl der Spiele wurden altbekannte neben neue gestellt; die Altersgruppe der Spielteilnehmer sollte zwischen 6 und 10 Jahren liegen, wenn sie wollen, können natürlich auch jüngere oder ältere Kinder mitspielen.

Und nun viel Spaß beim Springen und Toben, bei Fingerakrobatik und Pantomime, Stille Post und Schiffe versenken.

Katharina Kirn

Bewegungsspiele

Sobald das Wetter es erlaubt, wollen Kinder im Freien spielen. Denn dort haben sie weitaus mehr Bewegungsfreiheit und können so richtig schön herumtoben. Wenn sie dann erschöpft, aber zufrieden und glücklich ins Haus zurückkehren, finden die Eltern die liebsten Kinder vor.

In diesem Kapitel finden Sie eine große Auswahl an Lauf- und Fangspielen. Denn immer die Gleichen zu spielen, macht keinem Kind Spaß!

Verstecken ohne Anschlagen

Diese einfache Art des Versteckspielens ist etwas für die ganz Kleinen. Bis auf eines, das von einem Erwachsenen bestimmt oder ausgezählt wird, verstecken sich alle. Das Kind muss nun einen von ihnen finden. Dieser Spieler ist dann der neue Sucher der nächsten Versteckrunde.

Verstecken mit Anschlagen

Durch Abzählen wird ein Kind zum Sucher bestimmt. Es stellt sich mit dem Gesicht zu einem Baum oder zu einer anderen Anschlagstelle und zählt langsam und laut bis zehn. Währenddessen verstecken sich die anderen in nicht allzu großer Entfernung. Nach dem Zählen beginnt das Kind sie zu suchen. Hat es jemanden entdeckt, zum Beispiel Petra, so läuft es zum Baum zurück, schlägt dreimal mit der Hand gegen den Stamm und ruft laut:
„Eins, zwei, drei für Petra!"
Gleichzeitig läuft jedoch auch Petra zum Baum. Gelingt es ihr, vor dem Sucher dort anzukommen, so schlägt sie mit den Worten an: „Eins, zwei, drei, ich bin frei!" und entgeht dadurch der Gefahr, beim nächsten Mal suchen zu müssen.
Der Sucher muss immer aufmerksam und vorsichtig sein, denn während er in der einen Richtung sucht, benutzen die versteckten Kinder die Gelegenheit, zum Baum zu laufen und sich freizuschlagen. Wer zuletzt angeschlagen wird, ist der Sucher der nächsten Runde. Gelingt es einem Sucher nicht, ein Kind anzuschlagen, so bleibt er der Sucher der nächsten Spielrunde.

Marder im Hühnerstall

Der Hühnerstall besteht aus einem Kreis von Kindern, die sich an den Händen halten. Im Kreis steht der Marder, außerhalb des Kreises der Bauer.
Bauer: „Marder, was machst du im Hühnerstall?"
Marder: „Ich hole mir einen Braten!"
Bauer: „Dafür will ich dich schlagen!"
Marder: „Dein Hühnerstall ist löcherig,
willst du mich schlagen, so fange mich!"
Nun versucht der Bauer, den Marder zu fangen. Dabei muss er jedoch darauf achten, dass er immer durch dasselbe Loch schlüpft, durch das auch der Marder geschlüpft ist.

Ochs am Berge

„Ochs am Berge", das heißt nichts anderes, als dass sich ein Mitspieler als Ochse zunächst mit dem Gesicht zur Hauswand stellen muss. Etwa zehn bis fünfzehn Meter hinter seinem Rücken stellen sich die anderen Kinder in einer Reihe nebeneinander auf. Sobald der Ochse ruft:
„Ochs am Berge, eins, zwei, drei!"
setzen sie sich alle mit trippelnden Schritten in Bewegung. Dabei müssen sie sehr vorsichtig sein, denn der Ochse dreht sich nach diesem Satz sofort um, und wen er bei irgendeiner Bewegung überrascht, der muss zur Ausgangslinie zurück. Gewonnen hat das Kind, das zuerst, ohne erwischt zu werden, die Hauswand berührt.

Eisenbahnstaffel

Vor dem Spielen werden mindestens zwei Gruppen gebildet. Machen mehr als acht Kinder mit, so können es auch mehrere Mannschaften sein. Damit das Spiel richtig Spaß macht, sollten zu einer Gruppe immer mindestens vier Kinder gehören.
Die Gruppen stellen sich an einer Startlinie auf. Auf ein Kommando rennt das erste Kind zu einem entfernt liegenden Ziel, umrundet es, kommt zurück und schlägt den zweiten Läufer an. Dieser legt nun beide Hände auf die Schulter des ersten Kindes, und gemeinsam laufen sie die Strecke ab. Immer mehr Kinder werden abgeholt und bilden zusammen eine Eisenbahn. Natürlich muss diese auch die entsprechenden Laute von sich geben! Der Zug, der als Erster die Ziellinie überquert, hat gewonnen.
Um das Spiel noch interessanter zu gestalten, kann man einen richtigen Hindernisparcours anlegen, der überwunden werden muss: Eimer, über die man hüpfen muss; ein Baumstamm, auf dem die Eisenbahn „fährt“; ein Baum oder Busch, der zu umrunden ist usw. Falls unterwegs ein Waggon verloren geht, muss die Lokomotive diesen wieder einsammeln.

Tauziehen

Vor Beginn dieses Spieles teilen wir die Mitspieler in zwei Gruppen auf. Dann malen wir mit der Kreide eine Linie. Auf dieser muss die Hälfte des Seiles zum Liegen kommen. Wichtig: Das Seil muss stabil sein und darf nicht aus Kunstfasern bestehen, sonst besteht Verletzungsgefahr an den Händen. Es muss der Belastung, der es ausgesetzt wird, unbedingt gerecht werden!
Die beiden Gruppen stellen sich jeweils rechts und links von der Mittellinie auf und fassen das Seil fest in beide Hände. Auf ein Startkommando hin ziehen beide Gruppen an ihrem Seilende und versuchen, die gegnerische Mannschaft über die Linie zu ziehen. Sicherlich wird die unterlegene Gruppe eine Revanche fordern. Deshalb kann man zu Beginn ausmachen, dass das gesamte Spiel über mehrere Runden geht.

Goldene Brücke

Mithilfe eines Abzählverses werden zwei Kinder bestimmt, die durch Emporheben ihrer angefassten Hände eine Brücke darstellen. Zuvor haben sie, ohne Wissen der anderen, heimlich ausgemacht, wer von ihnen der Engel und wer der Teufel ist. Nun singen sie das bekannte Lied:
„Zieht alle durch, zieht alle durch,
durch die gold'ne Brücke.
Sie ist entzwei, sie ist entzwei,
wir woll'n sie wieder flicken!
Mit Steinelein, mit Beinelein,
der letzte muss gefangen sein."
Während des Singens ziehen die anderen Spieler in langer Reihe unter der Brücke durch. Bei den Worten „gefangen sein" lassen die beiden Kinder ihre Arme herunter. Wer gerade dazwischen ist, wird gefangen. Leise wird er gefragt, zu wem er will: zum Engel oder zum Teufel. Dann muss er sich hinter demjenigen aufstellen, den er gewählt hat. Auf diese Weise werden nach und nach alle Mitspieler gefangen. Wenn niemand mehr übrig ist, so hat der Brückenspieler gewonnen, der am meisten Kinder hinter sich versammelt hat, also entweder der Engel oder der Teufel.

Guten Morgen, Herr Fischer!

Die Kinder stehen dicht gedrängt im Kreis. Eines geht um diesen Kreis herum und klopft einem Mitspielenden auf die Schulter. Dabei spricht es den Gruß:
„Guten Morgen, Herr Fischer!" und beginnt sofort loszulaufen. Das begrüßte Kind läuft in entgegengesetzter Richtung um den Kreis. Wenn sich die beiden begegnen, reichen sie sich die Hände und wiederholen den obigen Gruß. Danach läuft jeder in seiner Richtung weiter. Wer zuerst wieder die Lücke erreicht, darf im Kreis bleiben. Das andere Kind geht herum, und das Spiel beginn von neuem.

Wolf und Schäfchen

An diesem Spiel nehmen möglichst viele Kinder teil, denn erst dann wird es richtig interessant. Mithilfe eines Abzählverses wird zunächst einmal das Kind bestimmt, das den Wolf spielt. Die anderen Kinder stellen sich in einer Reihe so hintereinander auf, dass jedes seine Hände um die Taille des Vordermannes legt. Dabei stellt sich das älteste Kind an die Spitze der Reihe, denn es ist der Schäfer, der dafür Sorge trägt, dass ihm der Wolf kein Schaf aus seiner Herde stiehlt. Dieser darf jedoch immer nur das letzte Schaf stehlen.
Jedes Schaf, das der Wolf fängt, muss sich nun hinter ihm aufstellen. Auf diese Weise nimmt die Herde des Wolfes immer mehr zu, während die des Schäfers ständig abnimmt. Schließlich wird die Wolfsherde so groß sein, dass sie die Herde der Schafe umstellt, sodass diese nicht mehr fliehen können. Jetzt wird es für den Wolf ein Leichtes sein, die Schafherde ganz zu fassen und damit das Spiel zu beenden.

Katze und Maus

Bei diesem Spiel werden zwei Kinder aus der Gruppe als Katze und als Maus ausgewählt. Am Anfang befindet sich die Maus innerhalb des Kreises, welchen die anderen durch Anfassen an den Händen bilden. Die Katze steht außerhalb des Kreises. Sie ruft: „Mäuschen, Mäuschen, komm heraus!" Die Maus antwortet: „Nein, ich komme nicht heraus!" „Dann fang ich dich in deinem Haus!", ruft nun die Katze und versucht, in den Kreis einzudringen und die Maus zu fangen. Die Kinder, die den Kreis bilden, erschweren das, indem sie zusammenrücken oder die Hände senken. Die Maus jedoch hat überall freien Durchschlupf. Gelingt es der Katze, die Maus zu fangen, darf sie zwei Kinder auswählen (Abzählreim), die Katze und Maus im nächsten Spiel darstellen.

Grüner Drache

Auf zwei gegenüberliegenden Seiten eines größeren Platzes werden Felder abgesteckt oder durch Linien gekennzeichnet. Auf der einen Seite steht der grüne Drache, auf dem anderen Feld sind die restlichen Kinder. Folgendes Gespräch entwickelt sich:
Grüner Drache: „Wer hat Angst vorm grünen Drachen?"
Kinder: „Niemand!"
Grüner Drache: „Und wenn er kommt?"
Kinder: „Dann laufen wir!"

Sie rennen los und versuchen, das gegenüberliegende Feld zu erreichen. Der grüne Drache läuft ihnen entgegen und macht diejenigen zu seinen Gefangenen, denen er drei Schläge geben kann. Die Gefangenen müssen ihm beim nächsten Mal fangen helfen. Wer zuletzt übrig bleibt, ist der nächste grüne Drache.

Storchrennen

Beide Mannschaften stehen an der Ziellinie. 10 Meter entfernt ist eine Wendemarke – ein Stock im Boden oder ein großer Stein. Auf „Los!" hüpfen die Startläufer auf einem Bein davon und halten den anderen Fuß am Rücken mit der Hand fest. An der Wendemarke kehren sie um und hüpfen zurück, um durch Abklatschen den Nächsten auf die Storchreise zu schicken. Wer seinen Fuß loslässt oder stolpert und hinfällt, muss zum Start zurückrennen und erneut loshüpfen. Sieger ist die Mannschaft, deren letzter Storch zuerst wieder am Ziel ist.

Kartoffelrennen

Jede Mannschaft erhält eine Kartoffel und einen Suppenlöffel. Die Kartoffel wird bei ausgestrecktem Arm auf dem Löffel transportiert. Wer sie fallen lässt, darf sie nur mit dem Löffel aufheben. Unterwegs können Hindernisse aufgestellt sein: Man muss über einen Hocker klettern, unter einer Schnur durchkriechen und so weiter.

Schuhlauf

Jeder zieht einen Schuh aus, und alle werden an der Wendemarke auf einen Haufen gelegt. Die Startläufer hüpfen auf dem beschuhten Fuß hin, ziehen ihren Schuh an, binden ihn sorgfältig zu, rennen zurück und schicken den nächsten Hüpfer auf die Reise.

Hundehütte

Für dieses Spiel übernimmt ein Kind als Erstes die Rolle des Spielleiters. Die Teilnehmer bilden zwei Gruppen. Dabei soll in einer Gruppe ein Spieler weniger sein als in der anderen. Die Kinder der kleineren Gruppe stehen im Kreis und grätschen die Beine. Sie stellen die Hundehütte dar. Die anderen Spieler sind die Hunde, und sie laufen frei herum. Auf ein Zeichen des Spielleiters (Klatschen oder Pfeifen auf einer Trillerpfeife) versuchen die Hunde, in die Hütte zu kommen. Bei jedem Kind, das in der Grätsche steht, darf aber nur einer durchkrabbeln. Der zum Schluss übrig bleibende Hund wird der Spielleiter der nächsten Runde.
Die anderen Kinder tauschen jetzt ihre Rolle. Hunde und Hütte wechseln nämlich nach jeder Runde.

Pferderennen

Der kleinste und leichteste der Mannschaft ist der Jockey, alle anderen sind Pferde. Der erste Spieler kniet sich hin und stützt die Hände auf dem Boden ab. Der Jockey setzt sich auf dessen Rücken, und auf „Los!“ trabt der Gaul auf allen vieren zur Wendemarke und zurück. Der Reiter besteigt rasch das nächste schon wartende Ross.

Dreibein

Je zwei Läufer einer Mannschaft stehen dicht nebeneinander. Das rechte Bein des einen Spielers ist mit einem Tuch unter dem Knie an das linke Bein des anderen gebunden. Auf ein Startkommando laufen die beiden Paare die abgesteckte Strecke. Sobald sie zu ihrer Mannschaft zurückgekehrt sind, werden sie in Windeseile entfesselt und die beiden nächsten Kinder aneinander gebunden. Wenn einem Paar unterwegs der Knoten aufgeht, muss es zum Start zurückrennen und sich neu fesseln lassen. Auch hier können unterwegs Hindernisse aufgebaut werden.

Fuchs und Hühner

Ein Kind wird mithilfe eines Abzählreimes als Fuchs ausgewählt. Es geht herum und sammelt Stöckchen, die im Gras herumliegen. Die Hühner laufen ihm nach.
Hühner: „Was tust du, alter Fuchs?"
Fuchs: „Ich mach ein Feuer an."
Hühner: „Wozu?"
Fuchs: „Zum Wasserkochen."
Hühner: „Was willst du mit dem Wasser?"
Fuchs: „Ein Hühnchen kochen."
Hühner: „Woher denn?
Fuchs: „Aus eurer Schar!"
Jetzt stieben die Hühner auseinander, und der Fuchs versucht, eins zu fangen. Das Gefangene wird in der nächsten Runde der Fuchs, der alte Fuchs wird ein Huhn.

Schlange und Vögel

Vier oder fünf Kinder fassen sich an den Händen und bilden eine Schlange; die anderen rennen als Vögel flügelschlagend umher. Die Schlange, die nie auseinander brechen darf, versucht nun, einen Vogel zu fangen. Sie muss ihn dazu völlig einkreisen. Sobald Kopf und Schwanz der Schlange sich die Hände reichen können, ist der Vogel in der Mitte gefangen und muss sich der Schlange angliedern, die so immer länger wird. Nun macht sie sich an einen anderen Vogel heran, bis schließlich alle gefangen sind.

Spiele mit Alltagsgegenständen

Es muss nicht immer das teuerste Spielzeug sein, was Kinder zur Beschäftigung benötigen. Auch mit ganz alltäglichen Dingen wie Töpfen, Stühlen, Tüchern, Decken oder aber Luftballons und Bällen lässt es sich wunderbar spielen. Sie werden sehr schnell merken, dass die teuersten Plastikspielsachen, die vor kurzer Zeit noch unbedingt gekauft werden mussten, unbeachtet im Regal stehen bleiben!

Sechzehn Münzen

Der Spieler legt 16 gleich große Münzen (flache Knöpfe oder Spielkarten) nebeneinander in eine Reihe. Aufgabe dieses Geduldspiels ist es, die Münzen (oder die anderen Gegenstände) in vier Häufchen zu je vier Stück zu ordnen, wobei einige Bedingungen strikt eingehalten werden müssen:
Jede Münze, die auf andere gelegt wird, muss genau vier Münzen überspringen, wobei diese vier Münzen nebeneinander oder bereits übereinander liegen dürfen. Der Spieler springt mit den Münzen beliebig nach links oder nach rechts. Bei richtiger Hüpferei ist die Aufgabe dann mit dem 12. Zug erfüllt.
Die Lösung: Nummeriert man die Münzen von links nach rechts mit den Ziffern 1–16, so wird zunächst 7 auf 2 gelegt, dann 8 auf 2, 10 auf 15, 9 auf 15, 6 auf 15, 12 auf 2, 3 auf 1, 4 auf 1, 5 auf 1, 11 auf 16, 13 auf 16 und schließlich 14 auf 16 bis Ziffer 22.

Siebenstückfiguren

Auf einem quadratischen Stück Karton (Kantenlänge: 10–12 Zentimeter) zeichnet das Kind sich sieben Einzelteile vor – siehe große Zeichnung – und schneidet die Teile entlang der Linie aus.
Die ausgeschnittenen Teile sollen nun zu neuen Figuren zusammengesetzt werden. Es müssen dabei stets alle sieben Stücke verwendet werden, und die Figuren sollen symmetrisch sein. Mit etwas Fantasie erkennt man darin dann Häuser, Bäume, Pfeile, Raketen, Türme und allerlei andere Gebilde. Es lassen sich auf diese Weise Dutzende von Figuren bilden.
Ein Haus mit einem Dach lässt sich aus den Einzelteilen leicht zusammensetzen. Viel schwieriger ist es, vorgegebene Figuren nachzumachen. Die sechs schwarzen Abbildungen (nächste Seite) sind einige Knobelbeispiele.

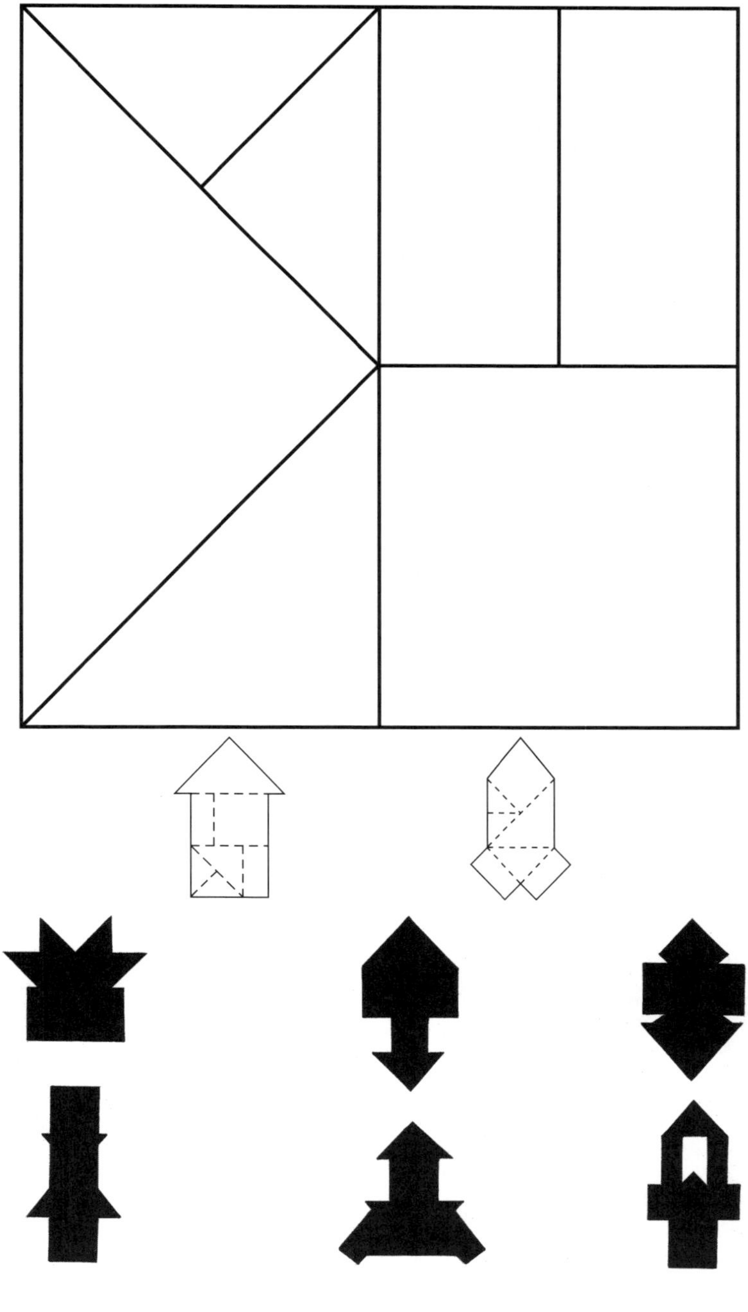

Streichholzspiele

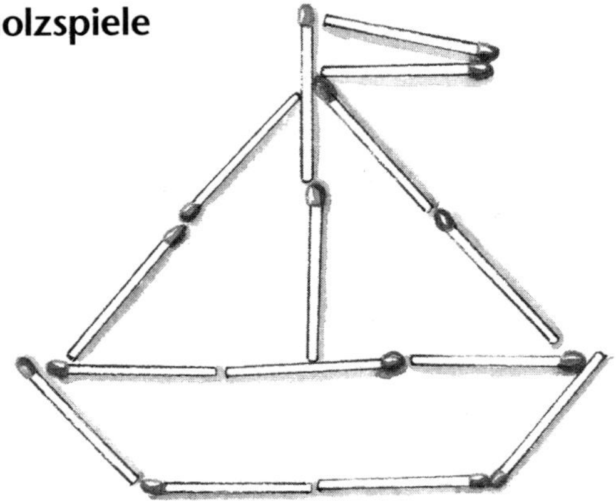

Streichholztransport

Alle Teilnehmer sollten nacheinander vier Streichhölzer aufnehmen, transportieren und wieder ablegen. Für sehr kleine Hände müssen Sie die Hölzer ein wenig kürzen.

Der Spielleiter platziert das erste Streichholz so über eine Tischecke, dass die beiden Streichholzenden überstehen. Diese nimmt das Kind nun vorsichtig zwischen Daumen und Zeigefinger. Dann trägt es das Streichholz zu seinem Platz und legt es dort ab. Das zweite Hölzchen – wieder über Eck gelegt – muss nun zwischen Zeige- und Mittelfinger, das dritte zwischen Mittel- und Ringfinger und das vierte zwischen Ringfinger und kleinem Finger aufgenommen werden, zum Platz getragen und abgelegt werden.

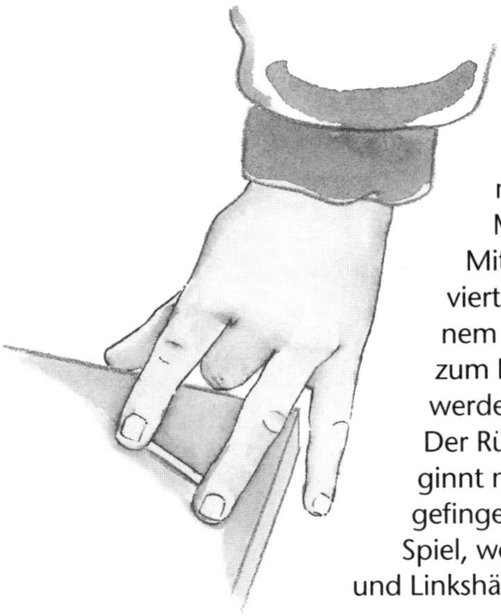

Der Rücktransport der Hölzchen beginnt nun wieder mit Daumen und Zeigefinger. Noch schwieriger wird dieses Spiel, wenn Rechtshänder die linke Hand und Linkshänder die rechte nehmen.

Wenn der Altersunterschied der Teilnehmer sehr groß ist, sollten Sie die Spielregel für die jüngeren Kinder vereinfachen: Sie sollen die Streichhölzer jeweils zwischen Daumen und Zeigefinger, Daumen und Mittelfinger und so fort aufnehmen, transportieren und wieder ablegen.

Streichholzbilder

Wer allein mit Streichhölzern spielt, kann Tiere, Gegenstände, Buchstaben oder Zahlen legen. Zumeist kommen beim Spiel die besten Ideen.

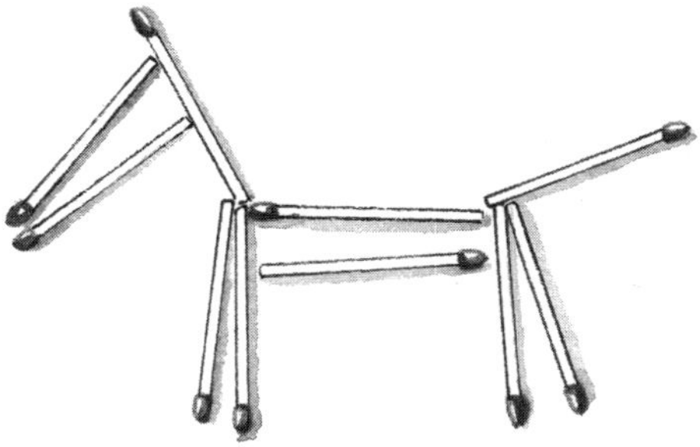

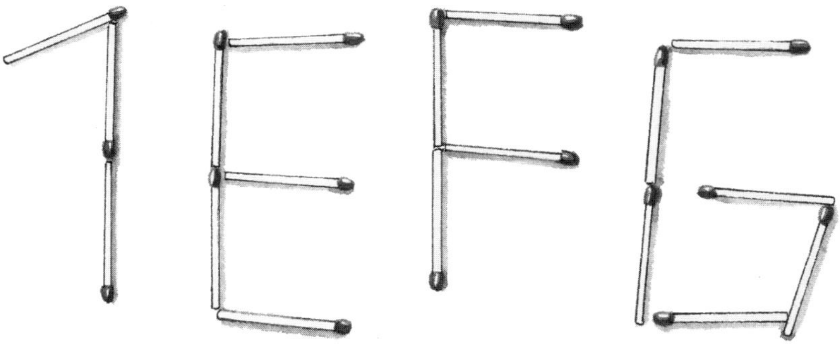

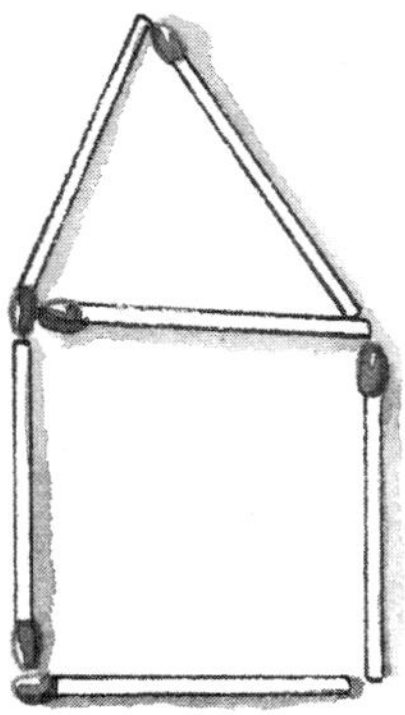

Streichholzturm

Jetzt bauen die Kinder einen Streichholzturm. Reihum legt jeder ein Hölzchen auf das andere. Derjenige, der den Turm einstürzen lässt, bekommt einen Minuspunkt. Wer drei hat, ist Verlierer der ersten Runde.
Die Kinder bestimmen selbst, wie viele Runden sie spielen mögen.

Kartoffelkönig

Aus (gewaschenen und abgetrockneten) Kartoffeln können die Kinder in Windeseile lustige Puppen für ein Kasperletheater basteln. Zuerst werden mit einem Messer Vertiefungen für Augen, Nase und Mund herausgeschnitten und mit kräftig angerührten Wasserfarben bemalt.

Als Ohren dienen Knöpfe, die zur Hälfte in die Kartoffel gesteckt werden. Die Haare werden aufgemalt oder mit Streichhölzern eingesteckt. Kleine Stoffreste lassen sich mit Stecknadeln am „Kopf" befestigen und bilden Hals- oder Kopftücher, Schals oder Krawatten sowie Hemdkragen oder Hut. Bärte werden aus Watte geformt, Kronen aus Goldpapier geschnitten und festgeklebt oder -gesteckt. In die Kartoffelköpfe steckt man von unten her lange Holzstäbchen. Jetzt kann man damit ein herrliches Kasperletheater aufführen.

Reise nach Jerusalem

Vor Beginn der Reise werden die Stühle paarweise mit dem Rücken aneinander gestellt. Dabei sollte die Anzahl der Stühle um jeweils zwei geringer sein, als Mitspieler teilnehmen. Machen nur etwa sechs Kinder mit, so sollte jeweils ein Stuhl fehlen.
Nun beginnt die Musik zu spielen, und alle Kinder marschieren dabei um die Stühle herum. Nach einer Weile schaltet der Spielleiter die Musik ab, und jeder Spieler muss sich möglichst schnell einen Stuhl ergattern. Die übrig gebliebenen Kinder scheiden leider aus.
Jetzt werden wieder zwei Stühle (bzw. ein Stuhl) weggenommen, die Musik wird gestartet und das Spiel beginnt von vorne. Diese Prozedur wird so lange wiederholt, bis nur noch zwei Personen übrig bleiben.

Knallköpfe

Vor dem Spiel werden viele bunte Luftballons aufgeblasen, die dann im Raum herumwirbeln. Dabei müssen wir darauf achten, dass einige davon jeweils in der gleichen Farbe sind. Auf ein Kommando hin laufen wir im Raum herum und werfen uns gegenseitig die Luftballons zu. Dabei darf es natürlich recht laut und fröhlich zugehen!
Der Spielleiter ruft nun plötzlich „Knallkopf zwei!“ In diesem Moment müssen sich alle Kinder mit gleichfarbigen Luftballons zu Zweiergruppen zusammenfinden. Ruft der Spielleiter dagegen „Knallkopf vier!“, so bilden die Kinder Vierergruppen.
Die Teilnehmer, die übrig bleiben, scheiden leider aus. Sie dürfen dann bei einem neuen Spiel wieder mitmachen.

Mein rechter Platz ist leer

Die Kinder stellen einen Stuhl mehr als es Spieler gibt im Kreis auf und setzen sich hin. Dann beginnt das Kind, dessen rechter Platz leer geblieben ist. Es sagt folgenden Vers auf:
„Mein rechter Platz ist leer,
ich wünsche mir den Christian/die Christiane her."
Das gerufene Kind setzt sich auf den leeren Stuhl. Dadurch ist nun sein Platz frei geworden, und der Spieler, an dessen rechter Seite der leere Stuhl steht, ist an der Reihe.

Wecker suchen

Während ein Kind einen Wecker sorgfältig im Zimmer versteckt, warten alle anderen vor der Tür, natürlich ohne durchs Schlüsselloch zu gucken! Dann kommen die Spieler ins Zimmer und beginnen lauschend ihre Suche. Da alle auf das Ticken horchen müssen, wird es recht still sein. Wer den Wecker findet, darf ihn in der nächsten Runde verstecken.
Man kann dieses Spiel variieren, indem die Kinder, die den Wecker entdeckt haben, ihn nicht aus seinem Versteck herausholen, sondern zum Spielleiter gehen und ihm den Ort des Versteckes ins Ohr flüstern. Haben sie den richtigen Platz herausgefunden, so dürfen sie sich setzen. War er jedoch falsch, so müssen sie weitersuchen.

Topfschlagen

Topfschlagen ist ein Gutwetter- und ein Schlechtwetterspiel, man kann es sowohl draußen als auch drinnen spielen. Zunächst wird ausgewählt, wer als Erstes Topfschlagen darf. Hierzu kann man einen lustigen Abzählreim verwenden. Diesem ersten „Opfer" verbinden wir mit einem Halstuch die Augen. Nun wird leise der Kochtopf irgendwo hingestellt – gemeinerweise kann dies auch unter einem Schrank oder Stuhl sein. Unter den Topf wird etwas als Belohnung gelegt – eine kleine Tüte Gummibärchen oder einen Schokokuss. Der Topfschläger bekommt nun einen Kochlöffel in die Hand. Auf allen Vieren kriechend muss er den Topf finden und feste draufschlagen.
Die Mitspieler können dem Topfschläger helfen, indem sie laut „warm!" rufen, wenn er sich dem Topf nähert, oder „kalt!", wenn er in die falsche Richtung krabbelt.

Handschuh-Spiel

Alle Kinder sitzen im Kreis auf dem Boden. In die Mitte werden alle Handschuhe wild durcheinander auf einen Haufen gelegt. Nun darf sich jeder Mitspieler einen Handschuh aussuchen und anziehen. Auf ein Startsignal hin stürzen sich alle Kinder auf den Handschuhberg. Jeder Spieler muss seinen zweiten Handschuh finden, ihn anziehen, sich wieder auf seinen Platz setzen und die Arme in die Luft strecken. Wem dies als Erstes gelingt, ist Sieger.
Eine Variante dieses Spieles könnte folgendermaßen aussehen: Alle Handschuhe liegen auf einem Haufen in der Mitte des Kreises. Nach dem „Startschuss" stürzen sich alle auf die Handschuhe und versuchen ein gleiches Paar zu finden. Auch dann ist derjenige Sieger, der als Erster zwei passende anhat und die Hände hochstreckt.

Watte pusten

Alle Kinder sitzen um einen Tisch herum. In der Mitte liegt ein kleiner, lockerer Wattebausch. Mithilfe eines Abzählverses wird bestimmt, wer zuerst pusten darf. Es geht darum, die Watte immer einem anderen Mitspieler zuzupusten, der darauf achten muss, dass sie nicht vom Tisch herunterfällt. Wem es dennoch passiert, der muss ausscheiden oder ein Pfand geben. Zum Schluss werden die Pfänder ausgelöst.

Hutklau

Bei diesem Spiel geht es garantiert ziemlich turbulent zu! Die Hälfte oder ein Drittel der Kinder bekommt einen Hut oder Mütze. Diese setzen sie sich nun auf. Auf ein Startkommando hin reißen die Kinder mit Hut aus und die ohne versuchen ihnen den Hut abzujagen. Ist der Versuch erfolgreich, so setzt sich dieses Kind sofort den Hut auf. Wer seinen Hut verliert, versucht nun seinerseits wieder einen zu erjagen.
Als Variante kann man eine Zeit festlegen, in der nach den Hüten gejagt wird. Ist die Spielzeit vorbei, müssen die Kinder ohne Hut ein Pfand abgeben. Danach wird eine neue Runde gestartet. Die Pfänder können anschließend in einem anderen Spiel verlost werden.

Hutstaffel

Vor Beginn des Spiels wird mit Kreide eine Start- und eine Ziellinie aufgemalt. Nun werden die Mitspieler in Gruppen aufgeteilt. Jede sollte mindestens aus drei Kindern bestehen. Auf die Startlinie wird ein Hut gelegt, und auf die Zielgerade ein Eimer. Der Spielleiter gibt das Startsignal und die jeweils ersten Läufer setzen sich den Hut auf, rennen zur Zielgeraden, umrunden den Eimer und flitzen zurück. Am Ziel angekommen, übergeben sie den Hut dem nächsten Spieler. Dieser setzt ihn auf und läuft los. Das Spiel ist zu Ende, wenn alle Mitglieder einer Gruppe als Erstes wieder im Ziel angekommen sind.

Geschicklichkeitsspiele

Geschicklichkeitsspiele sind sehr spannend für Kinder. Sie freuen sich, wenn Sachen gelingen, die sie zuvor noch nie oder nur mit Hilfe gemacht haben. Und sie sind stolz darauf, besser als ihre Freunde zu sein.

Dieses Kapitel liefert Ihnen Geschicklichkeitsspiele, die aufregend sind und zugleich sehr viel Spaß machen – und zwar allen Altersstufen!

Himmel und Hölle

Eine etwas leichtere Variation des bekannten „Paradieshüpfens" ist die folgende. Die abgebildete Figur wird auf den Boden gezeichnet. Ein Kind beginnt mit dem Spiel. Es wirft einen Stein ins erste Feld. Dann hüpft es auf einem Bein nach und kickt den Stein nacheinander von Feld 1 in Feld 2, dann in Feld 3, danach in Feld 4 und von dort direkt in Feld 7, das ist die Hölle. Bevor der Stein jedoch ins Paradies, Feld 8, gelangen darf, muss das Kind 5 Kreuzsprünge machen, die folgendermaßen auszuführen sind:

- 1. Sprung: rechter Fuß in Feld 5, linker Fuß in Feld 6
- 2. Sprung: rechter Fuß in Feld 7, linker Fuß in Feld 4
- 3. Sprung: rechter Fuß in Feld 6, linker Fuß in Feld 5
- 4. Sprung: rechter Fuß in Feld 4, linker Fuß in Feld 7
- 5. Sprung: rechter Fuß in Feld 5, linker Fuß in Feld 6

Jetzt erst darf der Stein, wiederum auf einem Bein, ins Paradies gekickt werden. Dort darf sich das Kind einige Zeit ausruhen. Danach wird der Stein auf dieselbe Weise zum Ausgangsfeld zurückbefördert, wobei wieder die Kreuzsprünge auszuführen sind. Der Stein darf weder auf einer Linie liegen bleiben noch außerhalb des Spielfeldes landen.
Wer einen Fehler macht scheidet aus und das nächste Kind kommt an die Reihe.

Murmelkönig

Jedes Kind hat gleich viele Murmeln, fünf oder sechs Stück. Nun wird in ein möglichst glattes Stück Boden ein kleines Loch gegraben. Aus einer Entfernung von etwa drei Metern versuchen die Kinder nacheinander eine Murmel in das Loch zu rollen. Wem es gelingt, der darf alle Murmeln, die außerhalb des Lochs liegen, einsammeln und behalten. Murmelkönig ist dasjenige Kind, das zum Schluss die meisten Murmeln besitzt.

Murmel treffen

Das ist ein spiel für zwei Teilnehmer. Auf dem Boden, der sehr glatt und eben sein sollte, wird mit Kreide eine Startlinie gezogen. Von dieser Linie aus versucht das erste Kind eine Murmel so weit wie möglich zu rollen. Der zweite Spieler soll mit nur einem Versuch die Murmel des ersten treffen. Gelingt es ihm, so gehört die getroffene Murmel ihm. Schafft er es nicht, so nimmt das erste Kind seine Murmel auf und versucht nun, diejenige des zweiten Spielers zu treffen.

Fünfzehnerspiel

Benötigt wird ein Schachteldeckel. Der Schachteldeckel muss genau quadratisch sein und sollte einen niederen Rand haben. Die Seiten können 10 bis 20 Zentimeter lang sein. Aus Zeichenkarton schneidet das Kind nun 1 Quadrat aus, dessen Seiten etwa 1 bis 2 Zentimeter kürzer sind als der Deckelboden. Das Kartonstück wird durch 3 Quer- und 3 Längsschnitte (Linien vorzeichnen!) in 16 gleich große Quadrate geteilt; es werden aber nur 15 gebraucht, die fortlaufend mit den Zahlen 1 bis 15 beschriftet und danach in beliebiger Reihenfolge in den Deckel gelegt werden. Den freien Platz benötigt der Spieler zum waagerechten oder senkrechten Verschieben der Zahlenkärtchen, die zum Schluss in der richtigen Reihenfolge liegen sollen. Achtung: Herausnehmen und Überspringen ist verboten!

Fang den Ball

Ein vielseitiges Geschicklichkeitsspiel, das ein Kind sich leicht selbst basteln kann.

Aus einem Karton schneidet es 1 kreisrunde Scheibe von etwa 10 Zentimetern Durchmesser aus. Dann wird ein Nagel genau durch die Mitte der Scheibe getrieben; an der Unterseite wird um den heraustretenden Nagelstift eine dehnbare Gummischnur angeknotet. Der Nagel muss nun in das Ende des runden Holzstabes (30–50 cm lang) eingeschlagen werden. Am anderen Ende der heraushängenden Gummischnur wird ein ganz kleiner Superball befestigt. (Man bekommt ihn für wenig Geld in Spielwarengeschäften.) Zur Befestigung kann man einen Reißnagel nehmen. Mit diesem „Ballteller" lassen sich verschiedene Geschicklichkeitsspiele machen. Zum Beispiel: Man schleudert den Ball mit dem Stab in die Luft und versucht, ihn mit dem Pappteller aufzufangen. Durch geschicktes Nachgeben und Balancieren gelingt es nach einiger Übung, den Ball auf dem Teller zu halten. Oder: Man schleudert den Ball auf den Boden oder gegen die Wand und versucht, ihn so oft wie möglich mit dem Teller erneut gegen Boden oder Wand zu schlagen.

Fingerspiele

Gestreckte Finger

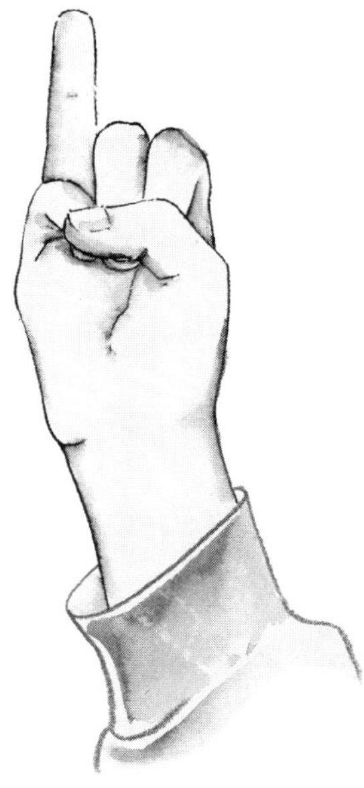

Die Hand ist zur Faust geballt. Jetzt streckt das Kind nacheinander immer nur einen Finger in die Luft. Das geht mit dem Daumen am leichtesten und es ist auch mit dem Zeigefinger und mit dem kleinen Finger recht einfach. Für den Mittelfinger wird die Aufgabe, ganz allein in die Luft gestreckt zu werden, schon viel schwieriger und ganz schwer nur gelingt es mit dem Ringfinger. Zeigen Sie dem Kind, dass das leichter zu schaffen ist, wenn es die drei anderen Finger mit dem Daumen nach unten drückt.

Nach fünf Durchgängen ist die andere Hand an der Reihe. Und zum Schluss sind beide Hände auf einmal dran.

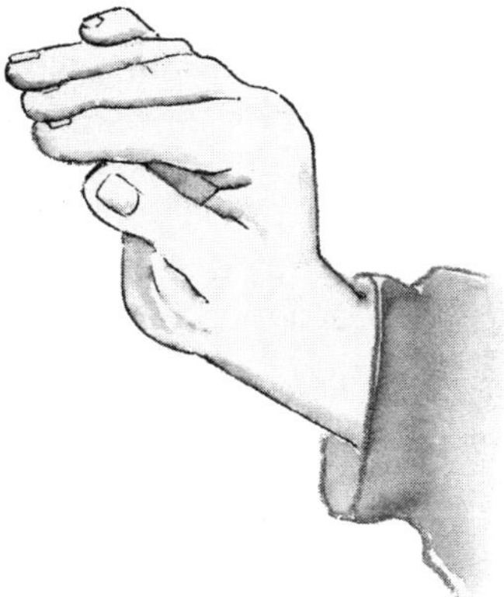

Fingerturm

Bei diesem Siel für eine Hand drückt das Kind zunächst die beiden Kuppen von Daumen und Zeigefinger gegeneinander. Jetzt legt es die Kuppe des Mittelfingers auf den Zeigefingernagel, den Ringfinger auf den Mittelfinger und dann den kleinen Finger auf den Ringfinger. Auch hier spielt das Kind anschließend mit der anderen Hand und danach parallel mit beiden.

Doppelkreuz

Noch beweglicher müssen die Finger für die folgende Übung sein. Ohne Hilfe der jeweils anderen Hand überkreuzt der Mittelfinger den Zeigefinger. Dann soll der kleine Finger sich so unter den Ringfinger schieben, dass diese beiden einander ebenfalls überkreuzen. Anschließend löst das Kind diese Verschränkungen auf – wieder ohne Hilfe der anderen Hand. Und natürlich wird mit beiden geübt.

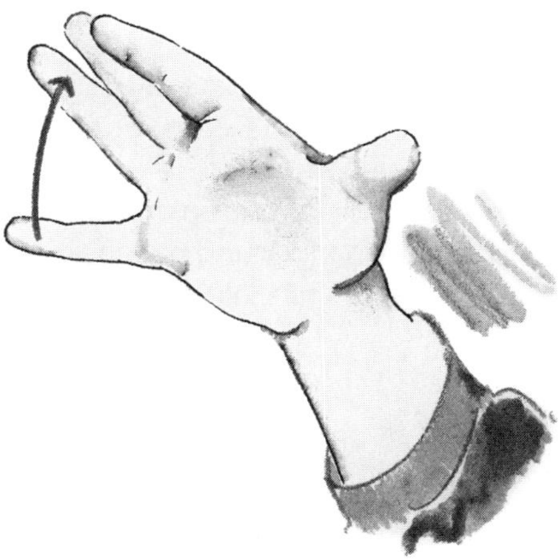

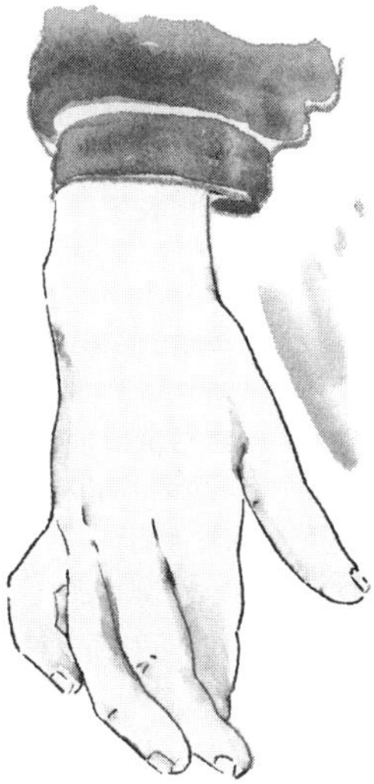

Fingerakrobatik

Wer hat die biegsameren Finger?
Jetzt muss allerdings eine Hand der anderen helfen: Zunächst wird der Mittelfinger so weit wie möglich nach hinten über den Zeigefinger hinweggezogen, über den Mittelfinger wird dann der Ringfinger gelegt, dessen Kuppe das Grundgelenk des Zeigefingers berühren sollte. Zum Schluss wird der kleine Finger über den Ringfinger gelegt. Das ist eine tolle Fingerakrobatik, die mit beiden Händen gelingen sollte.

Spitzen treffen

Jetzt ist Treffsicherheit gefragt. Dafür stellt das Kind sich am besten hin. Dann streckt es beide Arme nach vorn, der Abstand beträgt etwa eine Körperbreite. Dann versucht es, die Daumenspitzen schnell aufeinander zuzubewegen und sie zu treffen. Nacheinander kommen dann auch die anderen Finger an die Reihe.
Fordern Sie das Kind doch auch dazu auf, dieses Spiel mit geschlossenen Augen durchzuführen. Ein ganz schön schwieriges Unterfangen! Nach und nach wird dann auch noch der Abstand zwischen den Händen vergrößert. Geübt wird erst wieder mit offenen, dann mit geschlossenen Augen.
Wenn zwei Kinder spielen, dann sitzen oder stehen sie in einigem Abstand zueinander und haben ihre Zeigefinger ausgestreckt. Auf ein Kommando hin sollen sich beide Fingerkuppen treffen.

Die Nase

Jetzt ist die Nasenspitze das Ziel für den Zeigefinger. Auch bei dieser Aufgabe lassen sich Abstand und Schnelligkeit steigern. Und zum Schluss spielt das Kind wieder mit geschlossenen Augen.

Der richtige Finger

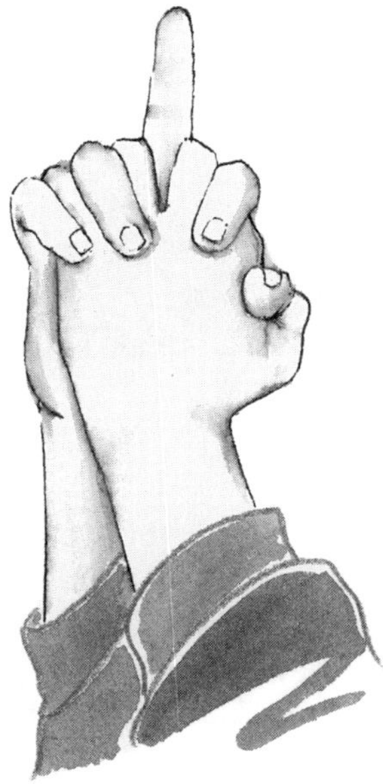

Die Hände werden wie zum Gebet gefaltet. Jeden Finger, den Sie oder ein anderes Kind berühren, soll Ihr Kind sofort danach anheben.
Wenn das gut klappt, zeigen Sie nur auf den jeweiligen Finger. Und ganz schwierig wird die Aufgabe, wenn Sie nur noch den Finger aufrufen, also zum Beispiel: linker Mittelfinger, rechter Ringfinger.
Für ganz Pfiffige gibt es sogar noch eine Steigerung: Das Kind streckt die Arme nach vorn und überkreuzt sie etwa in Höhe der Handgelenke. Dann faltet es die Hände und führt sie so zum Körper zurück, dass es sie etwa in Kinnhöhe hält. Auch hier ist es am schwierigsten, die richtigen Finger zu heben, wenn sie nur aufgerufen werden.

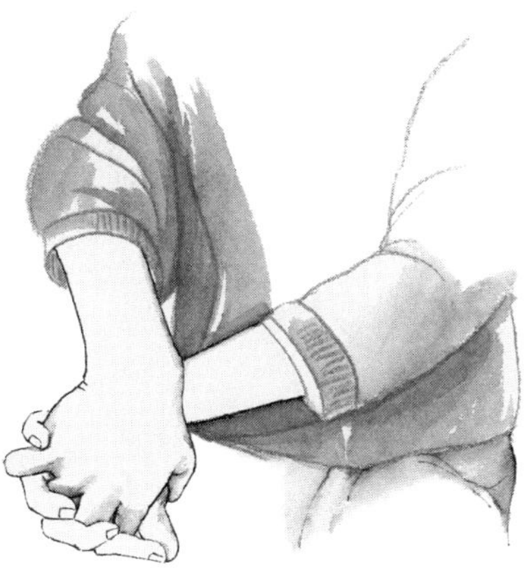

Fingerballett

Das Fingerballett ist sowohl für den „Tänzer" als auch für die Zuschauer ein lustiger Anblick.
Der Tänzer stellt die Fingerkuppen beider Hände auf einen Tisch. Jetzt bewegt er zum Beispiel beide Daumen gleichzeitig erst nach links und dann nach rechts, lässt nun die Zeigefinger hoch und runter hüpfen, danach die Mittelfinger vor die Zeigefinger springen. Jetzt schieben die Ringfinger sich vor und zurück und zum Schluss klopfen die kleinen Finger dreimal auf den Tisch. Bewegungen und Reihenfolge bleiben dem „Tänzer" überlassen, er achtet lediglich darauf, dass die Finger beider Hände dasselbe tun.
Mit ein wenig Übung tritt das Fingerballett zu Kinderliedern, Popmusik oder zu Klassik auf.

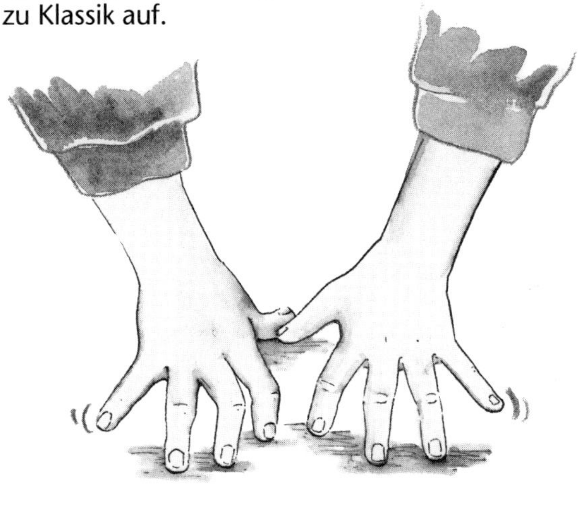

Einfaches Reifenspiel

Für dieses Spiel benötigt man einen ganz einfachen, leichten Holz- oder Plastikreifen, wie man ihn überall kaufen kann. Auf einer möglichst ebenen oder nur sachte abfallenden Strecke bringen die Kinder den Reifen ins Rollen, indem sie mit einem Stöckchen daran schlagen und so ständig neben dem rollenden Reifen herrennen.
Nehmen viele Kinder teil, so veranstalten sie ein Reifenrennen: Irgendwo wird eine Ziellinie gezogen, an der sich ein älteres Kind oder aber ein Erwachsener als Schiedsrichter aufstellt. Auf sein Zeichen hin „reifen" die Kinder an der Startlinie gleichzeitig los. Wer zuerst mit seinem Reifen die Ziellinie überrollt hat, ist Sieger.

Einsammeln

In die Mitte eines markierten Spielfeldes legen die Spieler drei- bis viermal so viele Gegenstände wie Kinder teilnehmen. Es können kleine Spielsachen, Bausteine, Stofftiere, bunte Ostereier oder beim Spaziergang gesammelte Kastanien oder Eicheln sein. Von dieser Fläche aus geht jeder in irgendeine Richtung zehn bis fünfzehn Schritte und kennzeichnet die Stelle als sein „Haus" und stellt sich hinein.
Auf ein Startzeichen hin laufen die Spieler los und holen einen Gegenstand, den sie in ihr Haus tragen. Sofort rennen sie wieder zur Mitte und holen einen neuen. Wer zum Schluss die meisten Dinge in seinem Haus hat, ist Sieger.

Reifen werfen

Die Reifen können die Kinder aus dünnen Hasel- oder Weidenzweigen selbst herstellen. Sie binden die Enden fest und umwickeln die Reifen mit bunten Papierstreifen.
Auf dem Spielplatz oder im Garten wird ein nicht zu hoher Holzpflock in den Boden eingeschlagen. Die Kinder versuchen, die Reifen aus einiger Entfernung über den Pflock zu werfen.

Blindekuh mit Klingel

Dieses Spiel unterscheidet sich wesentlich von den anderen Blindekuhspielen. Während bei ihnen nur einem Mitspieler die Augen verbunden werden, sind hier alle Kinder bis auf eins „blind". Dieses bekommt eine Glocke und muss damit läuten, während die anderen versuchen, es zu fangen. Schnell kommt es zu den lustigsten Situationen. Wem es gelingt, das Kind mit der Glocke zu fangen, darf die Augenbinde ablegen und die Rolle des Glöckners übernehmen.

Tigerball

Die Kinder bilden einen Kreis, in dessen Mitte der Tiger steht. Die Kinder im Kreis rollen und werfen sich den Ball zu. Der Tiger hat die Aufgabe, den Ball zu fangen oder wenigstens zu berühren. Gelingt ihm das, so wird das Kind Tiger, bei dessen Wurf der Ball berührt wurde.
Wenn der Kinderkreis sehr groß ist, sollten mehrere Tiger gewählt werden. Spielen nur drei Kinder, stellen sich zwei einander gegenüber auf, und das dritte steht zwischen ihnen und versucht, den Ball zu fangen.

Eierlauf

Dieses Spiel gehört wohl zu den traditionsreichsten. Fragt mal eure Oma, sie hat es bestimmt auch als Kind gespielt! Zunächst wird mit einer Schnur die Ziellinie festgelegt. Jetzt stellen sich alle Teilnehmer am Start auf. Sie bekommen einen Löffel in die Hand, in den ein Tischtennisball oder ein Stopfei gelegt wird. Auf ein Kommando hin laufen alle Kinder los und versuchen mit dem „Ei“ am Ziel anzukommen. Dies ist gar nicht so einfach, denn schon eine kleine Windbö kann den Ball vom Löffel pusten.
Eierlauf kann man auch als Staffellauf oder als Wettkampf jeder gegen jeden spielen. Dem Sieger muss dann allerdings eine stolze Trophäe überreicht werden. Wie wäre es mit einem Schokoei?

Zeichen-, Würfel-, Wort- und Kartenspiele

Es ist nicht leicht, Kinder für eine längere Zeit auf eine Sache zu konzentrieren. Da kann es schnell passieren, dass die Lust auf ein Spiel verflogen ist und die Kinder nur noch darauf warten, etwas anderes machen zu dürfen.

Mit den Zeichen-, Würfel- und Kartenspielen in diesem Kapitel gelingt es Ihnen garantiert, die kleine Rasselbande „festzuhalten". Die Spiele machen Spaß und dabei kann so richtig schön herumgealbert werden.

Der Erfolg – die Kinder für eine Zeit auf etwas zu konzentrieren – ist Ihnen gewiss.

Schwarz und Weiß

Auf einem Schachbrett stellen die Kinder drei weiße und drei schwarze Bauern so in eine Reihe, dass in der Mitte zwei Felder frei bleiben. Statt Schachfiguren kann man auch Mühle- oder Halmasteine oder Knöpfe nehmen.
Ziel des Spiels ist es, die weißen Steine auf die Felder der schwarzen zu bringen und umgekehrt. Dabei müssen folgende Regeln beachtet werden: Mit einem Stein darf man entweder auf ein daneben liegendes freies Feld oder über einen eigenen oder fremden Stein springen, wenn neben diesem ein Feld frei ist. Über zwei Steine darf nicht gesprungen werden! Weiße Steine dürfen nur in Richtung SCHWARZ, schwarze Steine nur in Richtung WEISS. Man muss abwechselnd mit Weiß und mit Schwarz springen. Zur Übung kann man zunächst einmal diese letzte Bedingung außer Acht lassen und beliebig mehrmals hintereinander mit gleichfarbigen Steinen ziehen.

Klappgeschichte

Sie braucht ein bisschen Vorbereitung: In ein Schulheft zeichnet das Kind auf 6, 10 oder noch mehr Seiten die immer gleiche Grundform eines Kopfes. Wenn man mit einem Stift kräftig malt, drückt sich die Linie auf die nächste Seite durch und kann leicht nachgezogen werden.
Nun schmückt man dieses Kopf-Ei von Seite zu Seite verschieden aus: Mal bekommt der Schädel eine Glatze, mal einen Zylinder, mal einen Lockenkopf oder eine Seemannsmütze. Die Augen sind auf dem einen Blatt groß, auf dem nächsten geschlossen, auf dem dritten schielen sie. Die Ohren stehen ab oder sind blau gefroren oder ganz von Haaren verdeckt. Die Nase wird spitz oder rund oder lang oder knollig. Der Mund lacht oder weint oder schreit oder gähnt oder pfeift. Unten ums Kinn herum bekommt der Kopf mal einen Bart, mal einen Rollkragen, mal eine Stoppelhaut – der Fantasie sind keine Grenzen gesetzt.
Nun schneidet das Kind die bemalten Seiten mit zwei Schnitten bis zum Heftrand in drei Teile. Die Schnitte verlaufen am besten direkt

über den Augen und genau unter der Nase. Und nun kann man aus den Ober-, den Mittel- und den Unterteilen der einzelnen Seiten die verschiedensten Gesichter zusammenblättern.
Und jetzt geht es los mit dem Geschichtenerzählen.
Ein Spieler stellt aus den drei Teilen ein Gesicht zusammen, vielleicht einen schlafenden Seemann. Der andere Spieler muss sich nun dazu einen passenden Satz einfallen lassen. Am einfachsten: „Der Seemann schläft." Oder etwas ausgeschmückt: „Nach schwerer Arbeit fiel der Seemann in tiefen Schlaf." Als Belohnung darf der Satzerfinder nun ein neues Gesicht zusammenstellen, wie es zufällig beim Blättern entsteht. Jetzt muss das andere Kind einen passenden Satz erfinden, der zum Anfang der Geschichte passt, zum Beispiel: „Da träumte er von einem weinenden Jungen." Seine Zusammenstellung aus drei Teilen ergibt nun einen zylinderbehüteten Vollbart. Der erste Spieler spinnt die Story fort: „Der war von zu Hause fortgelaufen, weil er dem Vater den Zylinder vom Kopf geworfen hatte." Und wem die Fantasie in den Himmel wächst, der darf auch mehr als einen Satz sagen. Irgendwann wird die Geschichte dann schon ihr – hoffentlich glückliches – Ende finden.

Sternchen würfeln

Sternchen würfeln können schon ganz kleine Kinder, denn die Regeln sind sehr einfach:
Alle Spieler würfeln der Reihe nach einmal mit zwei Würfeln. Von den Punkten, die sie gewürfelt haben, zählen jedoch nur die Einser, bei vielen Würfeln die Sternchen. Diese werden aufgeschrieben. Vor Beginn des Spieles sollte festgelegt werden, wie viele Runden gewürfelt werden. Haben alle Spieler das letzte Mal gewürfelt, wird gezählt, wer die meisten Einser gewürfelt hat. Der Sternchen-Champion wird dann gefeiert und erhält einen Preis.

Zeichentrickfilm

Das Kind muss nicht die zeichnerischen Qualitäten eines Walt Disney haben, um sich einen Zeichentrickspaß selber herzustellen. Es ist ganz einfach. Zunächst denkt das Kind sich eine kleine Szene aus, zum Beispiel: Ein Mann springt ins Wasser. Auf die letzte Seite des Blocks wird nun das erste Bild des Films gezeichnet, in ganz einfachen Strichen. Auch der Wasserspringer auf dem Sprungbrett ist nur ein Strichmännchen. Die unbeweglichen Teile des Bildes überträgt das Kind auf alle anderen Blätter. Das ist leicht, wenn das Papier etwas durchscheinend ist. Danach werden von hinten nach vorn Blatt um Blatt die bewegten Teile der Szene in laufender Veränderung gezeichnet: Auf den ersten vier oder fünf Blättern macht das Strichmännchen je einen Laufschritt nach vorn bis an die Spitze des Sprungbretts. In den weiteren Phasen hebt das Männchen dann ab, knickt in der Hüfte ein und taucht auf den letzten Blättern Stück um Stück ins Wasser, das aufspritzt. Das Sprungbrett hat sich bei jedem Schritt mehr und mehr durchgebogen und wippt noch zwei oder drei Bilder lang nach.
Sind noch genügend Blätter übrig, kann das Männchen auch wieder aus dem Wasser auftauchen und an Land klettern. Ist die Szene fertig, lässt das Kind die Seiten rasch über den Daumen der linken Hand „abrauschen“, und es erlebt den ersten selbst gemachten Zeichentrickfilm.
Andere geeignete Themen sind: Ein Kind klettert auf einen Baum und fällt herunter; ein Hund jagt hinter einer Katze her.

Schokoladenessen

Für dieses Spiel setzen sich alle rund um einen Tisch. In der Mitte liegt die verpackte Tafel Schokolade, daneben die anderen Gegenstände.
Nun geht das Spiel los: Reihum wird gewürfelt, wobei jeder drei Würfe hat. Wer eine Sechs würfelt, zieht sich ganz schnell die Handschuhe an, legt sich den Schal um den Hals und setzt sich die Mütze auf. Dann darf er Messer und Gabel nehmen und damit beginnen, die Schokoladenverpackung aufzureißen. Das Ziel ist, an die Schokolade zu gelangen, möglichst viel abzuschneiden und in den Mund zu stecken. Würfelt jedoch währenddessen ein anderer Mitspieler eine Sechs, so muss er ihm alle Utensilien geben und dieser versucht sein Glück. Wird schon wieder eine Sechs gewürfelt, bevor er mit der Mahlzeit begonnen hat, muss er trotzdem die Mütze, den Schal und die Handschuhe sowie das Besteck übergeben. Das Spiel dauert so lange, bis die Schokolade aufgegessen ist. Hoffentlich hatten alle Glück und konnten recht oft eine Sechs würfeln! Ist jemand dabei zu kurz gekommen, so findet sich sicherlich ein kleines Trösterchen.

Hohe Hausnummern würfeln

Die Spieler sitzen am Tisch und haben je ein Blatt Papier und einen Stift. Damit malt jeder drei Kästchen nebeneinander, in die er später seine Hausnummer einträgt: Ins 1. Kästchen die Hunderterzahl, ins 2. Kästchen den Zehner und ins 3. Kästchen den Einer. Der erste Spieler würfelt. Die Augenzahl muss er nun in ein Kästchen eintragen, wobei er freie Wahl hat: Eine hohe Zahl, fünf oder sechs also, wird er ins Hunderterkästchen setzen, eine eins oder zwei aber ins Einerkästchen, in der Hoffnung, später noch eine höhere Zahl zu würfeln. Dann würfelt das nächste Kind, und so geht es reihum weiter, bis jeder eine Zahl in irgendeinem Kästchen eingetragen hat, und der Würfel wieder beim 1. Spieler angelangt ist. Der macht nun seinen 2. Wurf und hat nun nur noch die Wahl zwischen zwei Kästchen, denn eine einmal aufgeschriebene Zahl darf nicht verändert werden. Wieder macht der Würfel die Runde und geht schließlich ein drittes Mal reihum, bis jeder alle drei Kästchen mit seinen gewürfelten Zahlen gefüllt hat. Wer die höchste Hausnummer hat, ist Sieger. Die höchste überhaupt erreichbare Zahl ist natürlich 666, die niedrigste 111.

Stumme Jule

Ein Kind nach dem anderen würfelt: Wer eine 1 hat, schreibt sich 1 auf sein Papier. Als Nächstes darf er sich die 2 notieren, sobald er sie gewürfelt hat, dann die 3 und so weiter bis zur 6. Jetzt wird in umgekehrter Reihenfolge gestrichen, also zuerst die 6, danach die 5, die 4 und so weiter, aber ebenfalls nur, wenn die Zahl geworfen wurde, die gerade dran ist. Wer als Erster seine 1 streichen kann, ist Sieger.

Wer aber beim Spiel ein Wort sagt, muss von vorn anfangen – die „Jule“ muss stumm gespielt werden, mucksmäuschenstill soll es dabei sein.

Vier Asse

Bei diesem Spiel wird gezaubert. Und der Zauberer hat sich heimlich vorbereitet: Aus einem Kartenspiel suchte er die vier Asse heraus und legte sie verdeckt oben auf das Spiel. Von seiner Vorbereitung erzählt er seinen Zuschauern nichts. Er tritt einfach vor seine Gäste, legt das Kartenpäckchen auf den Tisch und bittet einen Gast, den Stapel einmal abzuheben, etwa in der Mitte. Ein weiterer Zuschauer soll nun die beiden entstandenen Päckchen nochmals etwa in der Mitte abheben, sodass nun vier Kartenhäufchen auf dem Tisch liegen. Der Zauberer muss nun aufpassen und sich merken, auf welchem Häufchen die vier Asse liegen. Von diesem Päckchen legt er die obere Karte (ein Ass, aber das weiß nur er) auf ein anderes Häufchen, nimmt dieses und legt es auf ein nächstes. Das Päckchen mit nur noch drei Assen obenauf legt er auf das letzte freie, sodass wiederum zwei Stapel auf dem Tisch liegen. Ein dritter Zuschauer darf nun die beiden Stapel je einmal abheben und die Teile auf den Tisch legen; jetzt sind es wieder vier Häufchen: Auf einem liegen drei Asse, auf einem eins, auf den beiden übrigen keins. Das Drei-Ass-Häufchen legt der Zauberer auf eins, das kein Ass hat. Den Rest mit zwei Assen auf das andere Häufchen ohne Ass. Jetzt liegen drei Teile auf dem Tisch: Zwei haben je ein Ass obendrauf, ein Teil hat zwei Asse. Wieder darf irgendein Zuschauer eines der Häufchen abheben, aber nur eins. Jetzt liegen vier Päckchen auf dem Tisch, und eins davon hat noch kein Ass. Darauf legt der Zauberer die obere Karte jenes Häufchens, das zwei Asse hat (er hat es sich hoffentlich gut gemerkt). Nun darf ein Zuschauer die oberen Karten der vier Päckchen umdrehen – lauter Asse. Und das, obwohl die Zuschauer ganz nach Belieben abheben durften.

Mau-Mau

Spielen weniger als fünf Personen, nimmt man nur ein Skatblatt mit 32 Karten. Die Karten werden gut gemischt; jeder Mitspieler erhält fünf Karten. Die restlichen Karten (Talon) werden als Stapel auf den Tisch gelegt, mit der Rückseite nach oben. Die obere Karte des Talons wird umgedreht und offen neben den Stapel gelegt. Der Spieler links vom Kartengeber beginnt mit dem Ablegen. Es geht darum, möglichst rasch seine Handkarten loszuwerden. Auf die offen liegende Karte können Karten vom selben Wert oder von derselben Farbe abgelegt werden.

Ein Beispiel: Liegt neben dem Stapel die Herz Dame, so darf der nächste Spieler entweder eine beliebige andere Dame oder eine beliebige Herzkarte drauflegen. Hat er keine passende Karte, muss er eine vom Talon aufnehmen, und der nächste Spieler kommt an die Reihe. Soweit die Grundregeln. Wer sie beherrscht, kann einige „Fußangeln" einbauen, die das Spiel erst richtig spannend machen. Die Sonderregeln lauten:

- Wer keine passende Karte hat, darf irgendeinen Buben ablegen und eine neue Farbe wählen. Der nächste Spieler muss nun eine Karte dieser Farbe ablegen.
- Auf eine abgelegte Sieben darf nur eine weitere Sieben gelegt werden. Hat der Spieler, der an der Reihe ist, keine Sieben, muss er zwei Karten vom Stapel nehmen. Kann er aber ebenfalls eine Sieben legen, muss der nächste Teilnehmer vier Karten ziehen.
- Wer eine Acht ablegt, zwingt den Nächsten zum Aussetzen. Er darf also nicht ablegen, außer er hat ebenfalls eine Acht.
- Auf eine Neun darf entweder eine Karte von passender Farbe oder eine weitere Neun gelegt werden; jetzt darf dieser Spieler alle Karten von der Farbe seiner Neun zusätzlich ablegen.

Wer die vorletzte Karte ablegt, ruft „Mau!", vergisst er das, muss er eine Skatkarte aufnehmen. Wer die letzte Karte legt, ruft „Mau-Mau!" Für jede Karte, die ein Spieler noch auf der Hand hat, erhält er einen Minuspunkt, für Buben zwei Minuspunkte. Macht jemand mit einem Buben Schluss, zählt jede Karte auf der Hand zwei Punkte, ein Bube vier Punkte. Wer nach einigen Runden am wenigsten Punkte hat, ist Sieger.

Mogeln

Von diesem Spiel sind alle Kinder begeistert, denn hierbei dürfen sie mogeln.
Gespielt wird mit einem Rommésspiel mit Jokern. Spielen weniger als fünf Kinder mit, so genügt die halbe Anzahl der Karten. Diese werden gut gemischt und gleichmäßig an alle verteilt. Geht die Zahl der Karten nicht auf, so werden die übrig bleibenden beiseite gelegt, mit den Rückseiten nach oben.
Und jetzt geht es los mit Ablegen, wobei es darauf ankommt, möglichst rasch alle Karten loszuwerden. Der Spieler links vom Kartengeber beginnt, legt eine Karte verdeckt ab (also mit der Rückseite nach oben) und nennt einen Wert, zum Beispiel: „vier". Das nächste Kind legt ebenfalls verdeckt eine Karte darauf und sagt einen höheren Wert, beispielsweise „fünf". So geht es reihum weiter mit Sechs, Sieben, Acht, Neun, Zehn, Bube, Dame, König, Ass. Danach folgen wieder die Zwei, die Drei, die Vier und so weiter.
Wer keine passende Karte auf der Hand hat, darf aussetzen oder mogeln: Er legt dann eine beliebige andere Karte ab, sagt aber den verlangten Wert.
In der 1. Runde darf noch nicht kontrolliert werden. Sobald aber der Spieler links vom Kartengeber seine 2. Karte abgelegt hat, darf jeder eine Kontrolle verlangen, „Gemogelt!" rufen. Nun muss die zuletzt abgelegte Karte (aber nur sie!) umgedreht werden. Hat der Ableger tatsächlich gemogelt, so muss er den gesamten Stapel aufnehmen. Hat er aber nicht gemogelt, so erhält der Rufer zur Strafe den Stapel. Das gilt auch, wenn es ein Joker ist, da Joker für jede beliebige Karte genommen werden dürfen.
Ganz raffinierte Spieler versuchen, statt einer Karte gleich zwei oder drei Karten auf einmal abzulegen. Sie dürfen sich eben nur nicht dabei erwischen lassen. Sieger ist, wer zuerst keine Karten mehr hat. Die zuletzt abgeworfene Karte darf nicht mehr geprüft werden.

Wortzerhacker

Die Runde denkt sich ein möglichst langes, aber doch vernünftiges Wort aus, wie „KONGRESSBERICHTERSTATTER". Jeder Spieler notiert es und versucht nun, diesen Bandwurm an geeigneter Stelle so zu zerhacken, dass neue Wörter entstehen. Die Reihenfolge der Buchstaben darf dabei nicht verändert werden. In unserem Beispiel sind folgende kürzere Wörter enthalten:
„KONGRESS", „ERST", „BERICHT", „ERICH", „RICHTER", „ICH", „ER", „STATT", „TAT". Wer die meisten Wörter findet, ist Sieger und darf ein neues Wort vorschlagen.

Wörterwurm

Für dieses Spiel müssen die Kinder schon einen gewissen Wortschatz besitzen. Außerdem müssen sie in der Lage sein, sich eine Weile fest zu konzentrieren.
Und so geht es: Wir wählen einen Spieler aus, der beginnt. Er denkt sich ein beliebiges Wort aus und sagt es laut. Mit dem letzten Buchstaben muss das nächste Kind ein neues Wort bilden usw. Wichtig ist, dass das Ausdenken und Sprechen recht flott geht.
Hier ein Beispiel:
Bücherrega**L** – **L**egostei**N** – **N**ebe**L** – **L**ebkuche**N** – **N**asenbä**R** – **R**iesenwur**M** – **M**ilchflasch**E** – **E**lefan**T** – **T**ort**E** – …
Komplizierter wied das Spiel, wenn nur Begriffe einer bestimmten Sachgruppe verwendet werden dürfen. Hier bieten sich folgende an: Tiere, Pflanzen, Städte, Nahrungsmittel usw.

Kreuzwörter

Jeder schreibt auf seinen Zettel am linken Rand untereinander die Rubriken: Tier, Pflanze, Stadt, Name. Nun einigt man sich auf ein kurzes Wort, in dem kein Buchstabe zweimal vorkommt, zum Beispiel „NUDEL“ oder „KAMIN“. Das Wort wird lang auseinander gezogen an den oberen Papierrand geschrieben. Unter jedem Buchstaben müssen nun für jede Rubrik passende Namen gefunden werden. Das sieht so aus wie die Tabelle unten.

	N	U	D	E	L
Tier	Nashorn	Uhu	Dachs	Esel	
Pflanze		Ulme		Erika	
Stadt	Neuß	Ulm		Essen	Lindau
Name		Ulrich	Dieter		Lore

Onkel Otto ist krank

Dieses Spiel macht auch einem kranken Kind viel Spaß!
Zunächst wählen wir aus, wer als Erstes den „Onkel Otto“ spielt. Dieses Kind nimmt eine Streichholzschachtel oder einen Keks in den Mund und sagt: „Onkel Otto ist krank“.
Darauf müssen die anderen Kinder sagen: „So, was hat er denn?“
Der Teilnehmer mit der Schachtel im Mund antwortet nun: „Er hat Zahnschmerzen“.
Dann ist ein anderer Kandidat dran, der feststellt, dass Onkel Otto zu den Zahnschmerzen auch noch Kopfschmerzen, Bauchweh, Halsschmerzen usw. hat. Die Liste der festgestellten Krankheiten wird hoffentlich nicht zu grausig!
Aber auf jeden Fall wird der Satz länger und länger, das Aussprechen – mit der Schachtel im Mund – immer schwieriger.

Stille Post

Alle Kinder sitzen dicht beieinander in einem Kreis. Der Spielleiter flüstert einem Kind ganz schnell ein schwieriges Wort oder einen Satz ins Ohr, zum Beispiel: „Marions Meerschweinchen", „Edeltraut isst Sauerkraut" oder „Auf dem Gummiberg sitzt ein Gummizwerg". Der Mitspieler flüstert nun das, was er verstanden hat, seinem Nachbarn ins Ohr. So wandert das Wort oder der Satz von einem Ohr zum anderen. Nachfragen ist nicht erlaubt, keiner wiederholt das Geflüsterte – jeder gibt das Verstandene weiter, und sollte es noch so ein Unsinn sein.

Tiere zeichnen

Bei diesem Spiel müssen nacheinander alle Spieler versuchen, mit verbundenen Augen ein Tier zu malen.
Hierfür hat der Spielleiter einige Bilder von Tieren bereitgelegt. Diese sollten aber nicht zu schwierig zu zeichnen sein. Gut eignen sich zum Beispiel Mäuse, Schweine, Katzen, Hunde, Schlangen, Schmetterlinge, Enten usw. Das schönste Gemälde wird nach dem Spiel prämiert, und der Künstler erhält einen Preis.
Machen ganz kleine Kinder mit, so dürfen diese das entsprechende Tier erst einmal vorzeichnen. Dann haben sie schon ein wenig die Formen verinnerlicht, und das blinde Zeichnen fällt nicht mehr so schwer.

Rate- und Konzentrationsspiele

Wer kennt dies nicht: Ein Rätsel wurde gestellt und man zerbricht sich fast den Kopf, um die Lösung zu finden. Geht dann plötzlich das berühmte Licht auf, so sind die Freude und Zufriedenheit groß. Dies ist bei kleinen Kindern nicht anders. Sie freuen sich riesig, wenn sie des Rätsels Lösung gefunden haben.
Außerdem regen Ratespiele die Fantasie der Kinder an und ermuntern sie, ihr Wissen zu erweitern – nicht zuletzt durch eine kleine süße Prämie, die dem Sieger doch sicherlich winkt?

Käsekästchen

Auf dem Blatt wird ein Spielfeld von zehn mal zehn Kästchen abgegrenzt. Jeder bekommt einen Filzstift. Dann kann es losgehen. Abwechselnd darf jeder Spieler in seiner Farbe eine Seitenlinie eines beliebigen Kästchens nachziehen. Wem es gelingt, ein Kästchen mit vier Strichen in eigener Farbe zu schließen, der setzt sein Zeichen hinein: Kreuz oder Kreis. Das andere Kind versucht natürlich, das zu verhindern, indem es rechtzeitig seine andersfarbige Linie markiert. Gespielt wird, bis niemand mehr in der Lage ist, ein Kästchen zu schließen.
Sieger ist, wer mehr Zeichen setzen konnte als der Gegner. Die Randkästchen bleiben frei.

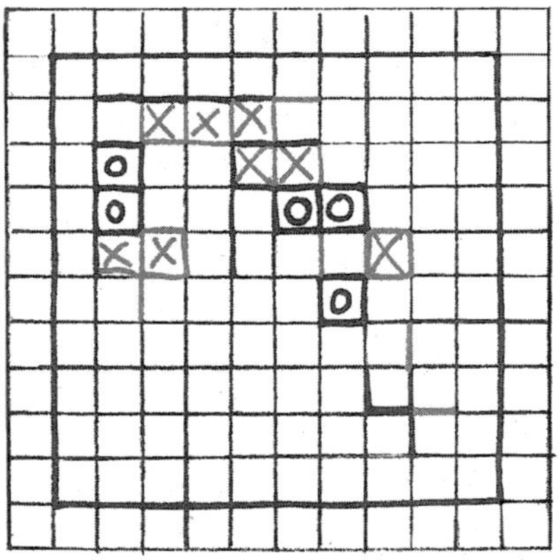

Variante:
Man kann das Käsekästchenspiel auch mit den Randkästchen spielen; in diesem Fall braucht man nur drei Striche, um ein Kästchen zu schließen.

Schiffchen versenken

Jeder grenzt auf kariertem Papier eine „Wasserfläche" von zehn mal zehn Karos ab. Die senkrechten Reihen werden mit A bis K bezeichnet, die waagerechten mit eins bis zehn. Daneben malt jeder Spieler sich dasselbe Schema noch einmal.
Verdeckt, sodass der andere nicht sieht, zeichnet jeder in das eine Spielfeld seine Flotte:
Ein Flugzeugträger (vier Karos), zwei Schlachtschiffe (je drei Karos), drei Kreuzer (je zwei Karos) und vier U-Boote (je ein Karo). Die Schiffe dürfen sich nirgends berühren, auch nicht an den Ecken.
Jetzt beginnt die Schlacht. Einer feuert einen Schuss ab und benennt das gegnerische Feld, in dem die Granate einschlagen soll, zum Beispiel: F4. Er markiert sich das Feld zugleich in seinem 2. Quadrat. Der Gegner meldet nun „Schlachtschiff angeschossen", wenn in F4 ein solches liegt, oder „Wasser", wenn F4 frei ist. Bei Treffern darf der Schütze weiterschießen, bei „Wasser" kommt der Gegner dran. Sind alle Kästchen eines Schiffs getroffen, wird „Schiff versenkt" gemeldet.

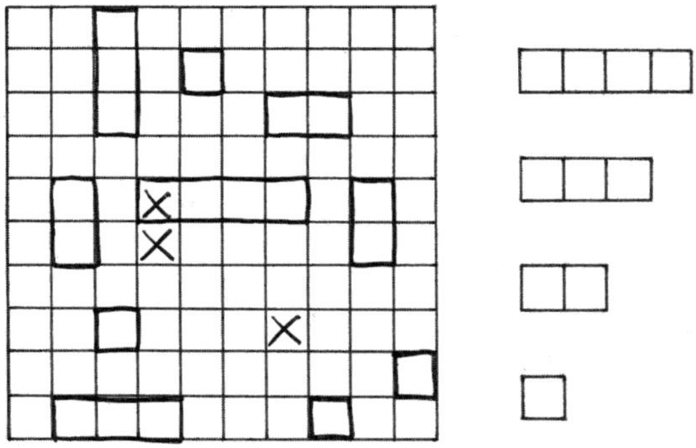

Was braucht der Bäcker?

Für dieses Fragespiel wird ein Quizmeister benötigt, der viel weiß. Die Kinder sitzen im Kreis oder am Tischund warten auf die erste Frage, zum Beispiel: „Was braucht der Bäcker?" Zunächst werden alle Kandidaten durcheinander rufen: „Mehl!" „Milch!" „Eier!" „Zucker!". Der Quizmeister notiert jede Antwort. Dererste Antwortsturm legt sich rasch – Schweigen. Wem jetzt innerhalb von dreißig Sekunden etwas einfällt, was noch nicht genannt wurde, erhält für jede richtige Antwort einen Punkt. Nach Ablauf der Zeit, zum Beispiel nach drei bis fünf Minuten, erklärt der Quizmeister, was der Bäcker sonst noch alles braucht, nämlich Hefe, Salz, Rosinen, Wasser, einen Backofen, Sahne, Kuchenformen, Backpulver, Löffel, Vanillezucker und so weiter. Die nächsten Fragen lauten zum Beispiel:
„Was braucht der Metzger?"
„Was braucht der Lehrer?"
„Was braucht der Astronaut?"
Sieger ist, wer am Schluss die meisten Punkte hat.

Was haben wir verändert?

Die Kinder stehen im Kreis und versuchen sich einzuprägen, wie die anderen aussehen. Dann wählen Sie zwei aus, die den Raum verlassen. Während sie draußen sind, ändern die anderen etwas an ihrer Kleidung oder an ihrer Frisur. Wenn alle fertig sind, kommen die beiden Rater wieder herein und müssen nun herausfinden, was die Kinder verändert haben.

Rätselfragen

Ich weiß ein Ding, das ist von Leder,
und an den Füßen trägt's ein jeder.

(die Schuhe)

Beine hat's und läuft doch nicht.
Federn hat's und fliegt doch nicht.
Immer steht es mäuschenstill,
weil es nichts als Ruhe will.

(das Bett)

Fünf Freunde hab ich,
die zaubern mir
die ganze Welt
auf ein Stück Papier.
Die Sonne wird gelb,
der Himmel ist blau.
Grün ist der Baum
und braun ist die Frau.
Wer sind diese Freunde?
Das sollt ihr erraten.
Ihr habt sie zu Haus
und im Kindergarten.

(die Buntstifte)

Hoch oben in der Luft er fliegt
und hat doch keine Flügel.
Er ist ganz aus Papier gemacht,
die Schnur, das ist sein Zügel.
Ich halt sie fest in meiner Hand.
Sein Schwanz, das ist ein buntes Band.
Und bläst der Wind dann munter
tanzt er mal rauf, mal runter.

(der Papierdrachen)

Im Werkzeugkasten,
in der Kammer,
da wird er aufbewahrt
der…

(Hammer)

An einem schönen Plätzchen
da gibt es viele Kätzchen.
Sie tragen Fellchen weich und fein,
doch nie hört man „miau“ sie schrein.

(Die Weidenkätzchen)

Aus Mehl wird er gemacht,
geknetet und gemischt.
Im Ofen dann gebacken
und schnell aufgetischt.

(der Kuchen)

Braun und süß, zerfließt im Mund,
manchmal eckig, manchmal rund.
Nikolaus und Osterhase
isst du gern aus dieser Masse.
Doch nach all dem süßen Essen:
Zähne putzen nicht vergessen.

(die Schokolade)

Es ist ein kleiner
schwarzer Zwerg
und hebt ganz leicht
doch einen Berg.

(der Maulwurf)

Es sieht aus wie eine Katze,
hat Haare wie eine Katze,
maust wie eine Katze
und ist doch keine Katze.
Wer ist das?

(der Kater)

Wer fliegt und hüpft von Ast zu Ästchen,
fängt Mücken und Fliegen und
baut sich ein Nestchen?

(der Vogel)

Es geht ein Mann im Grase,
hat eine lange Nase,
dreht sich wie ein feiner Mann
und hat rote Stiefel an.

(der Storch)

Wie heißt das Tier, das Tag und Nacht,
so treulich unser Haus bewacht?

(der Hund)

Sirr, sirr, sirr, im Wiesengras
sirr, sirr, sirr das macht mir Spaß.
Ich zirpe hier, ich geige dort,
du fängst mich nicht, ich springe fort,
die langen Beine retten mich.
Sirr, sirr, sirr, wie heiße ich?

(die Grille)

Wer kann springen, klettern, kratzen?
Und wer hat vier kleine Tatzen?
Das sind die...!

(Katzen)

Ich hab keinen Schneider
und hab doch sieben Kleider.
Wer sie mir auszieht, der muss weinen,
und sollt' er noch so lustig scheinen.

(die Zwiebel)

Rot und saftig, kleine Kerne,
alle Menschen essen's gerne.
Was bekomm' ich, wenn ich's errate?
Es ist ganz sicher...

(die Tomate)

Wer ist der arme Tropf,
hat keinen Hut und keinen Kopf,
hat dazu
nur einen Fuß und keinen Schuh?

(der Pilz)

Reise nach Afrika

Bei diesem Denkspiel muss herausgefunden werden, welche Regel sich der Fragende ausgedacht hat. Zum Beispiel könnte das der erste Buchstabe seines Nachnamens sein. Das Spiel funktioniert jetzt so, dass er laut sagt: „Ich reise nach Afrika und nehme eine … mit!" Da sein Nachname Müller ist, sagt er nun Begriffe, die mit einem „M" beginnen, wie Maus, Matte, Möbel, Muschel, Maske usw. Wer als Erster die Regel erkannt hat, sagt sie laut. Stimmt sie, so darf dieser Spieler sich eine Regel ausdenken.
Hier eine kleine Liste an Möglichkeiten:

- alles, was schwarz ist
- alles, was hüpfen kann
- Wörter mit Doppelbuchstaben

oder aber:

- egal was, aber man muss sich vorher an dem rechten Ohrläppchen ziehen.
- egal was, aber man muss sich zunächst über die Haare streichen.

Arabisch

Das arabische Alphabet besteht aus 28 Buchstaben, aber nur aus Konsonanten. Die Vokale „A, E, I, O, U" können durch bestimmte Zeichen angedeutet werden, aber auch das geschieht nicht immer. Das Wort Wetterbericht würde so aussehen: „wttrbrcht". Aber nicht genug damit; die Araber schreiben von rechts nach links, sodass aus „Wetterbericht" „thcrbrttw" wird.
Nach diesem Muster werden bekannte Sprichwörter, Buch- oder Liedertitel aufgeschrieben, die dann zu erraten sind. Zum Beispiel: „kclgmsnh" (Hans im Glück). Zur Erleichterung können die einzelnen Wörter getrennt werden: „rw thcn nnw nhctrw sd nnw" (Wenn das Wörtchen wenn nicht wär).
Lustig ist auch das umgekehrte Spielchen: Man schreibt nur die Vokale und ersetzt alle Mitlaute durch Striche: „-a--i---ü--" ist dann Hans im Glück. Um es nicht allzu schwer zu machen, sollte man eine Beschreibung des Gesuchten geben, hier also: Märchentitel.

Kombiniere

Aus einem Stück weißem Karton werden 24 Kärtchen zugeschnitten und mit je 1 Buchstaben des Alphabets außer X und Y versehen. Auf 24 weitere Kärtchen werden Sachgebiete notiert, zum Beispiel: Fluss, Stadt, Land, Dichter, König, Straßenname, Vorname, Tier, Pflanze, Lebensmittel, Märchentitel und so weiter. Die Kinder dürfen einzelne Gebiete auch wiederholen.
Diese Fragekarten werden ebenso wie die Buchstabenkärtchen gemischt und in zwei Häufchen verdeckt auf den Tisch gelegt. Ein Spieler zieht eine Buchstabenkarte und liest sie vor. Ein anderer zieht eine Begriffekarte und liest sie ebenfalls vor. Wer nun als Erster zu dem Sachgebiet eine Antwort weiß, die mit dem gezogenen Buchstaben beginnt, darf beide Kärtchen behalten. Auf ein gezogenes „K" und auf „Tier" muss also Kamel, Känguru, Kaninchen … gerufen werden. Sind zwei Kinder gleich schnell, erhält jedes eine Karte. Weiß niemand eine Antwort, werden die Karten beiseite gelegt. Wer die meisten Kärtchen hat, ist Sieger.

Teekessel

Zwei Kinder gehen vor die Tür und denken sich einen „Teekessel" aus, das ist ein Wort mit zwei Bedeutungen, zum Beispiel „Birne" (essbare Birne – Glühbirne). Jetzt gehen beide wieder ins Zimmer und erklären: „Mein Teekessel kann faul sein", sagt der eine, und der andere: „Mein Teekessel kann hell sein." Dann wieder der erste: „Mein Teekessel ist essbar" – „Mein Teekessel ist aus Glas." Und so geht es weiter, bis jemand „Birne" erraten hat. Dieser Spieler wählt sich einen Partner, und beide denken sich einen neuen „Teekessel" aus.

Bandwurm

Die Kinder sitzen im Kreis, und eines gibt das Stichwort, ein zusammengesetztes Hauptwort aus zwei Teilen, zum Beispiel Tür*schloss*. Der nächste Spieler muss nun schnell ein neues zusammengesetztes Wort finden, das mit Schloss beginnt: Schloss*berg*. Der Nächste fährt vielleicht mit Berg*stiefel* fort, und dann geht es weiter mit Stiefel*sohle* – Sohlen*leder* – Leder*tasche* – Taschen*tuch* – Tuch*weber* – Weberknecht ... Wem fällt jetzt noch was ein? Richtig: Knecht*schaft*, und schon geht es weiter mit Schaft*stiefel* – Stiefel*sohle*... Aber damit gelangt man in einen Teufelskreis, der erneut zum Weberknecht führt. Wie kommt man da raus? Nach dem Sohlen*leder* sagt einer Leder*mantel*. Damit ist der „Knoten gelöst". Es kann weitergehen mit Mantel*kragen* – Kragen*bär* – Bär*lauch* – Lauch*gemüse* – Gemüse*suppe* und so weiter und so fort, bis niemandem mehr etwas einfällt oder bis niemand mehr mitmachen will.
Statt im Kreis herum kann man den Bandwurm auch mit dem „Plumpsack" wachsen lassen, das ist ein Ball zum Beispiel oder ein verknotetes Tuch. Wer ein Wort gefunden hat, wirft den Plumpsack einem anderen zu, und der macht weiter.

Das Einsiedlerspiel

Einsiedlerspiel nannte der Philosoph und Mathematiker Leibniz dieses alte Solo-Spiel, das auch als „Nonnenspiel" bekannt ist, weil es früher den Klosterfrauen zu erlaubter Kurzweil verhalf.

Das Spielfeld hat 33 oder 49 Löcher, in die Stäbchen gesteckt werden. Man kann es sich leicht im Garten oder am Sandstrand abstecken: In einem großen Quadrat werden sieben parallele Linien waagerecht und sieben weitere senkrecht gezogen, sodass ein Schachbrettmuster entsteht. Es hat 49 Kreuzungspunkte. Ebenso gut kann das Kind auch ein Schachbrett, einen Karton oder eine Platte aus Knetgummi verwenden. Den Spielplan mit nur 33 Löchern siehe rechts.

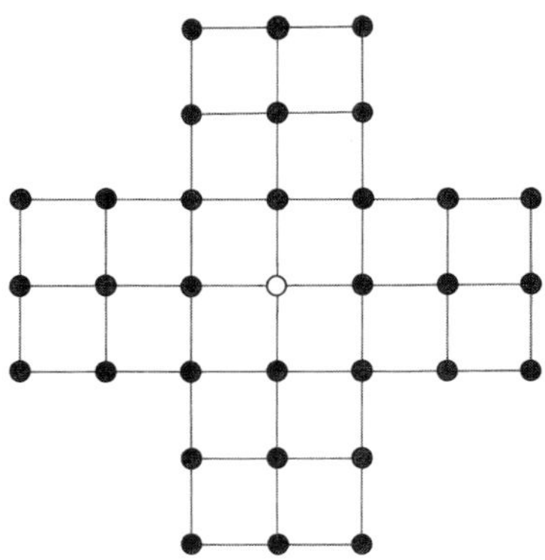

Nun müssen sämtliche Schnittpunkte der Linien belegt werden mit Steinchen oder Zündhölzchen, die das Kind in die Punkte hineinsteckt. Eine Ausnahme gibt es: Der Punkt genau in der Mitte bleibt frei.

Der Spieler muss mit einem Steinchen oder Hölzchen ein anderes überspringen und auf einem freien Punkt landen. Das übersprungene wird herausgenommen. Gezogen wird nur in waagerechter oder senkrechter Linie, niemals schräg. Stets muss man ein Steinchen überspringen und auf dem unmittelbar dahinter liegenden freien Punkt landen. So werden nach und nach immer mehr Steinchen aus dem Spiel genommen. Die Aufgabe steht darin, so zu springen, dass zuletzt nur noch ein einziges übrigbleibt.

Achtzehn Steinchen

Auf Papier oder im Sand zeichnet das Kind einen Plan mit 36 Feldern. 18 Steinchen oder Münzen sollen so darin verteilt werden, dass je drei in jeder waagerechten und jeder senkrechten Reihe liegen; schwieriger wird es, wenn auch in der Diagonalen nur je drei Steine liegen sollen.
Hier zwei Beispiele:

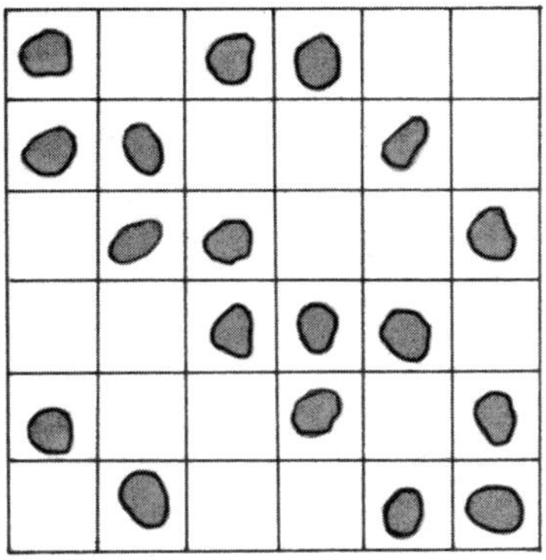

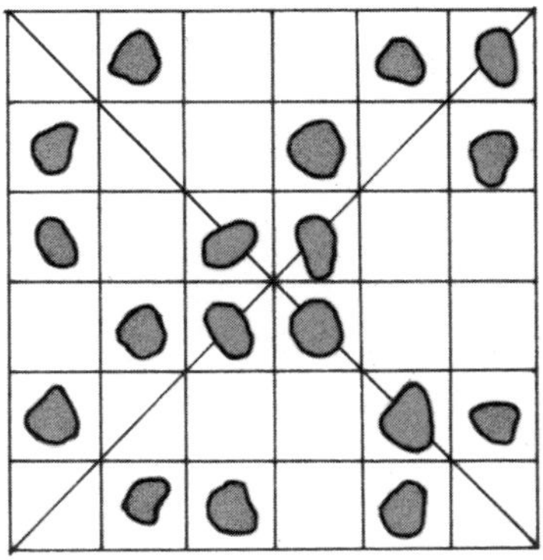

Spiele für Kinderfeste

Mit einem hübsch dekorierten Zimmer, zwei Torten, drei Pfund Würstchen und mit fünf Pfund Bonbons ist es nicht getan, wenn Ihr Kind die Hälfte aller seiner Mitschüler zum Geburtstag einladen will. Je mehr Kinder beisammen sind, um so schwieriger wird es, alle einen ganzen Nachmittag lang unter einen Hut zu bringen. Aber keine Sorge: Es gibt genügend Spiele, die eine ganze Rasselbande stundenlang in Atem halten können.

Apfel beißen

Ein Apfel wird mit dem Stiel an einen Zwirnsfaden gebunden und dieser mit einem Reißnagel oder Klebeband so an der Decke befestigt, dass der Apfel in Mundhöhe hängt.
Zwei Kindern werden die Augen verbunden; sie stehen einander so gegenüber, dass der Apfel in der Mitte zwischen ihnen hängt. Und nun müssen die beiden zum Vergnügen der Zuschauer versuchen, nach dem Apfel zu schnappen und reinzubeißen, ohne die Hände zu Hilfe zu nehmen. Wenn der Apfel aufgegessen ist, werden die beiden erlöst, und zwei andere Kinder müssen die „Obstkur" machen.

Erbsen picken

Jeder hat auf dem Tisch zwei Tassen vor sich. In eine der beiden wird ein gehäufter Esslöffel Erbsen geschüttet. Nach dieser Vorbereitung warten alle, die Stecknadel pickbereit in der Hand, auf das Startzeichen. Und dann muss jeder nur mithilfe der Nadel eine Erbse nach der anderen aufspießen und in die andere Tasse transportieren. Wer als erster mit der Pickerei fertig ist, erhält den Ehrentitel „Aschenbrödels Cheftaube". Die anderen machen aber weiter, um den langsamsten Teilnehmer zu ermitteln; der nämlich muss alle Erbsen vom Boden aufheben, die während des Spiels runtergekullert sind.

Strohhalmstaffel

Zwei gleich große Mannschaften werden gebildet. Jede stellt sich so in einer Reihe auf, dass der Abstand zum Nebenmann etwa 30 Zentimeter beträgt.
Jeder Spieler hat einen Strohhalm, die beiden Vordermänner der Reihen haben außerdem noch ein Stückchen Seidenpapier in der Hand. Nach dem Startkommando saugen sie das Papier mit dem Halm an und reichen es – ohne weitere Hilfe der Hände – zum Nachbarn weiter. Er muss das Papier mit seinem Strohhalm annehmen und es ebenfalls ohne Hände weiterreichen.
Fällt es runter, muss die Mannschaft von vorn beginnen.
Sieger ist die Gruppe, in der das Papier zuerst beim letzten Kind angelangt ist.

Fische fangen

Verknoten Sie ein langes Stück Paketschnur an seinen Enden. Dann wird ein Fischer gewählt, der in den Kreis geht, während die anderen den Kreis bilden und die Schnur mit den Händen festhalten. Die Hände der Kinder sind die Fische, die der Fischer fangen soll. Um das zu verhindern, schieben die Kinder ihre Hände rasch zueinander oder auseinander. Der Fischer versucht sie zu erhaschen, indem er ganz leicht auf die Hände der Kinder schlägt. Trifft er, so scheidet das Kind aus. Spielen viele mit, sollte nach einer vorher festgelegten Anzahl von gefangenen Fischen ein neuer Fischer gewählt werden.

Lastträger

Die Kinder sitzen auf Stühlen im Kreis, nur eins von ihnen hat keinen Platz und wandert mit einem kleinen Bündel auf dem Rücken außen um den Kreis herum. Die Kinder im Kreis versuchen nun, möglichst ohne dass der „Lastträger" es bemerkt, ihre Plätze zu wechseln.
Er passt jedoch genau auf und sowie er einen leeren Platz erwischt, wirft er sein Bündel rasch darauf. Der Platz gehört ihm nun. Der Spieler, der dadurch keinen Platz findet, muss nun selbst mit dem Bündel umherwandern und einen Platz ergattern. Gelingt es ihm nicht, das heißt, verfehlt er den Sitz oder kullert das Bündel herunter, so muss er mit seiner Last weiterwandern.

Armer Kater

Wieder sitzen die Kinder auf Stühlen im Kreis. Eines von ihnen wird durch einen Abzählvers zum Kater bestimmt. Das bedeutet, dass es auf allen vieren zu einem der Kinder krabbeln und dreimal möglichst mitleiderregend „miau" schreien muss. Danach bleibt der Kater abwartend sitzen, während sein Gegenüber ihn streichelt und dreimal „armer Kater" sagt. Wer während dieser Szene lacht, der muss als armer Kater in die Kreismitte. Der ehemalige Kater aber darf den freien Platz einnehmen.

Sportarten raten

Bei diesem Spiel denkt sich zunächst jedes Kind eine Sportart aus, die es den anderen pantomimisch vorführen möchte. Der Spielleiter ruft dann nach und nach jedes Kind auf und dieses spielt dann die Sportart vor. Gut geeignet sind Fußball, Tennis, Schwimmen, Turnen, Rudern usw. Fällt einem Kind nichts ein, so hilft der Spielleiter ihm, eine Sportart zu finden.
Wer seine Pantomime am besten gemacht hat, erhält einen Preis. Oder aber, damit kein Kind traurig ist, bekommen alle Kinder als Belohnung einen Schokokuss.

Gut betucht

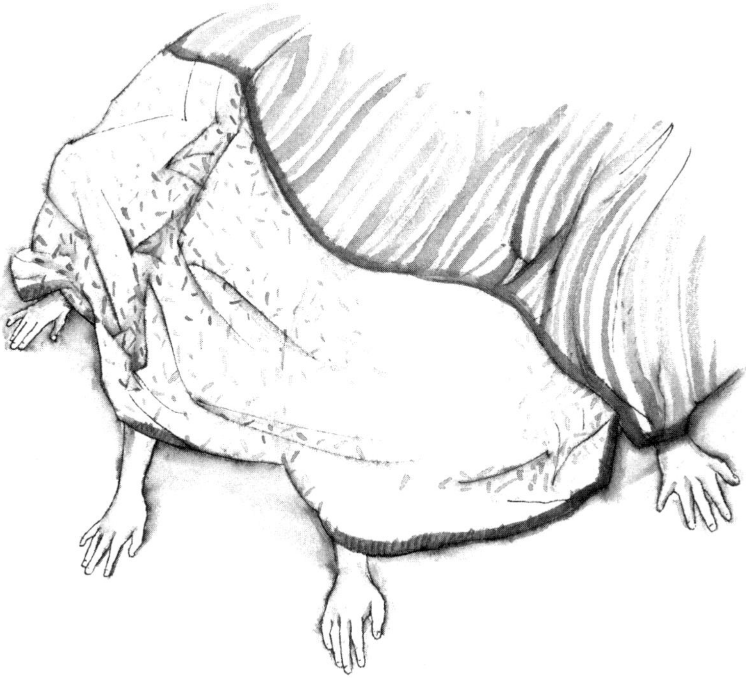

Für diesen Vorschlag benötigen Sie entweder ein großes Laken, eine Decke oder ein Schwungtuch (je nachdem, wie viele Kinder mitspielen). Nachdem die Hälfte der Mitspieler den Raum verlassen hat, verbergen sich die anderen Kinder so unter dem Tuch, dass nur ihre rechten Hände darunter hervorschauen.
Nun kommt ein Teilnehmer nach dem anderen wieder zurück und versucht, durch Betrachten und Betasten der Hände das jeweilige Kind zu erraten. Wer zum Schluss die meisten erraten hat, hat gewonnen.

Schlangenmeister

Wer kann aus einer Seite die längste Schlange ausreißen. Begonnen wird erst auf Ihr Startzeichen hin. Nach etwa zwei Minuten rufen Sie „stopp“. Dann legen die Kinder ihre Zeitungsschlangen nebeneinander auf den Fußboden. So lässt sich leicht erkennen, wer zum „Schlangenmeister“ ernannt wird.

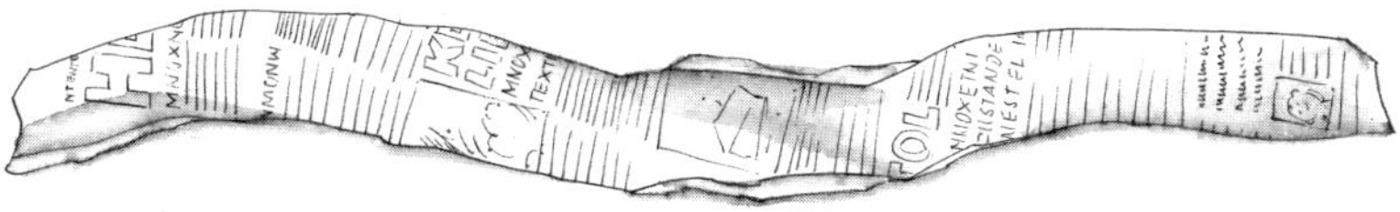

Die Welle

Jetzt geben Sie jedem der Kinder zusätzlich eine Schere, mit der sie lange Wellen- oder Dreiecksschlangen oder andere Formen ausschneiden sollen, und zwar so schnell und so exakt wie möglich.

Reißwolf

Wieder erhält jeder Spieler eine Zeitungsseite. Überlegen Sie sich für jeden Teilnehmer ein Tier oder einen Gegenstand, dessen Form ausgerissen werden soll. Nun flüstern Sie jedem Kind den Begriff zu. Wenn alle Mitspieler ihre Aufgabe gelöst haben, sollen die anderen Kinder die Motive erraten.

Tierpantomime

Das Spiel kann auf zweierlei Wege gespielt werden: Entweder denkt sich jedes Kind selbst ein Tier aus, das es pantomimisch darstellen will, oder aber es werden Zettel vorbereitet, auf denen Tierbilder aufgeklebt wurden und jedes Kind muss ein Tier ziehen, das es dann darstellt.
Nacheinander bestimmt der Spielleiter einen Teilnehmer. Dieser muss ohne Laute, nur mit Gesten und Körperhaltung ein Tier vorstellen. Die anderen Spieler müssen erraten, ob es ein Elefant, ein Affe, eine Schlange, ein Tiger, eine Ameise, eine Spinne, ein Hund usw. ist.
Das Kind, das am besten ein Tier dargestellt hat, erhält einen Preis. Die Kinder können gemeinsam entscheiden, wer der Sieger ist.

Situationen raten

Ein oder zwei Kinder gehen vor die Tür und überlegen dort gemeinsam, welche Situation sie pantomimisch darstellen wollen. Dann kommen sie herein und beginnen mit ihrer Vorstellung. Die anderen Kinder müssen nun erraten, welche Situation gemeint war. Die Schauspieler dürfen anschließend bestimmen, wer als Nächstes drankommt.
Hier eine kleine Liste mit Situationen, die sehr einfach – auch von kleinen Kindern – pantomimisch aufgeführt werden können:

- Mutter und Vater füttern ein Kind
- Hausarbeiten, wie Staubsaugen, Kochen, Fensterputzen, Geschirr abspülen usw.
- „Männerarbeit“, wie Nägel in die Wand hauen, ein Loch mit der Bohrmaschine bohren, ein Holz durchsägen usw.
- Schüler und Lehrer
- in den Urlaub fahren (mit dem Flugzeug oder dem Auto).

Stadt – Land – Fluss

Jeder Teilnehmer schreibt auf seinen Zettel nebeneinander die Rubriken Stadt, Land, Fluss und Name. Nun sagt ein Kind laut „A" und spricht das restliche Alphabet leise weiter. Ruft der linke Nachbar „Halt!", nennt der „Alpha-Beter" den Buchstaben, bei dem er angekommen ist.
Nun muss jeder in Windeseile in die entsprechende Rubrik eine Stadt, ein Land, einen Fluss und einen Namen mit dem genannten Buchstaben eintragen. Wer fertig ist, ruft „Halt!", und danach darf nichts mehr notiert werden. Das Kind liest seinen Städtenamen vor. Taucht die gleiche Stadt auch noch bei anderen auf, wird sie bei jedem gestrichen. Dann kommen das Land, der Fluss und der Name dran. Anschließend liest der Nächste vor, was bei ihm noch nicht gestrichen ist. Schließlich bleiben nur noch wenige Namen übrig, die jemand nur für sich allein hat. Wer davon die meisten hat, ist Sieger.
Man kann auch andere Rubriken vereinbaren, zum Beispiel: Tiere, Pflanzen, berühmte Leute, Essbares, Flüssigkeiten, Dichter oder Straßennamen.

Gefüllte Kalbsbrust

Man wählt ein langes Wort, das möglichst kein C enthält und schreibt es von oben nach unten und dann in einigem Abstand von unten nach oben auf.
Nun heißt es, die Abstände mit Hauptwörtern zu füllen, die mit dem jeweils vorgegebenen Anfangsbuchstaben beginnen und dem Endbuchstaben enden. Wer als Erster fertig ist, ruft „Stop!". Nun darf niemand mehr weiterschreiben. Dann geht es ans Vorlesen. Jedes Wort, das nur ein Kind geschrieben hat, bringt fünf Punkte, gleiche Wörter werden gestrichen. Sieger ist, wer die meisten Punkte erreicht hat. Bei mehreren Runden werden die Punkte addiert.

Zur Erschwerung können Eigennamen verboten werden oder nur Begriffe aus bestimmten Gebieten erlaubt sein und auf der nächsten Seite je ein Beispielwort:

KINDERGARTEN

K	Karton	N
I	Idee	E
N	Netzhaut	T
D	Donner	R
E	Erika	A
R	Rang	G
G	Gangster	R
A	Asche	E
R	Rand	D
T	Ton	N
E	Einerlei	I
N	Nagellack	K

EINLADUNG

E	Eingang	G
I	Indien	N
N	Nassau	U
L	Land	D
A	Anna	A
D	Duell	L
U	Unsinn	N
N	Notschrei	I
G	Galeere	E

Mit den Füßen angeln

Für dieses Spiel bereiten Sie so viele verschnürte Päckchen vor, wie Kinder teilnehmen. Statt der Päckchen können Sie auch Äpfel oder Bananen an dünnen Fäden festbinden.
Die so vorbereiteten Gegenstände knoten Sie jetzt an einem Seil fest und spannen es zwischen zwei Stuhllehnen. Nun dürfen je zwei bis drei Kinder auf dem Rücken liegend versuchen, mit den Füßen einen der Gegenstände zu angeln.

Gick-Gack-Gick-Gack

Die Kinder sitzen im Kreis und zählen einander ab: eins, zwei, eins, zwei … Dann wird zu zweien abgezählt. Ein Spieler geht als „Henne" in die Mitte. Sie fängt an zu gickern und zu gackern. Bei jedem „Gick" müssen sich die Kinder mit der Nummer eins schnell erheben und sofort wieder setzen. Bei „Gack" springen die Kinder mit der Nummer zwei auf und setzen sich dann ebenso schnell wieder hin.
Die Henne spricht ihr „Gick-Gack-Gick-Gack" immer schneller, und die Kinder müssen daher immer schneller von ihren Stühlen aufspringen und sich wieder hinsetzen. Dabei kann es selbstverständlich vorkommen, dass sich eines von ihnen irrt und versehentlich bei „Gack" aufspringt, obwohl es bei „Gick" an der Reihe ist. Wem dieser Fehler unterläuft, der wird die nächste Henne.

Kleinanzeigen

Gespielt wird immer in Dreiergruppen. Jeder der Teilnehmer schreibt einen Teil des Anzeigentextes, faltet den Zettel dann so um, dass das jeweils Geschriebene verdeckt ist, und reicht ihn dem Nachbarn weiter. Man muss sich natürlich an die übliche Reihenfolge von Anzeigentexten halten: Zuerst wird irgendein Gegenstand notiert, etwa „Gelber Wellensittich" oder „Perfekte Schreibmaschinenkraft" oder „Wunderschöne Dachwohnung". Der nächste Spieler hat die Aufgabe, eine nähere Bezeichnung anzufügen: „Mit Abitur", „in bester Lage", „sehr preiswert" …
Das 3. Kind erfindet nun, was es mit dem unbekannten Gegenstand auf sich hat: „wünscht Nichtraucher als Ehepartner", „ist entflogen", „sucht Stellung als Maschinenschlosser" …
Schließlich faltet der 1. Spieler den Zettel auf und liest das Ergebnis vor, zum Beispiel: Dressierter Affe, kaum gebraucht, wäscht Wolle sanft und zart.

Schatten raten

Spannen Sie einen hellen Stoff (Leintuch, Tischdecke) zwischen den Türrahmen, und stellen Sie zwei Stühle auf, über deren Lehnen Sie einen Besen legen und darüber eine Decke hängen. So entsteht eine ähnliche Fläche wie bei einem Kasperletheater. Zwei Kinder legan dahinter die Dinge zurecht, die sie als Schatten zeigen wollen; zum Beispiel ein Schuh, ein Hut, ein Strumpf, ein Auto, eine Puppe, ein Stofftier, ein Kochlöffel, ein Glöckchen oder eine Blume. Jeweils ein Gegenstand wird nun ganz nahe an das Tuch gehalten und die auf ihn gerichtete Lampe eingeschaltet (hinter der Fläche). Die Kinder vor der Leinwand sollen nun anhand der Schatten die Gegenstände erraten.

Wessen Schatten seht ihr?

Befestigen Sie einen hellen Stoff, zum Beispiel ein Leintuch, am Türrahmen. Dann bilden Kinder – es sollten mindestens sechs sein – zwei Gruppen. Die eine setzt sich vor die Stofffläche, die andere dahinter. Hier stellen Sie eine Schreibtischlampe auf, dann verdunkeln Sie den Zuschauer- und den Spielerraum. Das erste Kind hinter dem Stoff stellt sich im Profil dicht an das Tuch. Jetzt knipsen Sie die Lampe an und richten das Licht so auf den Spieler, dass ein scharfes Schattenbild entsteht. Die Kinder vor der Spielfläche raten nun, wer da steht.
Wenn alle Schattenspieler geraten wurden, tauschen die Gruppen die Rollen.